Austermann / Wohlleben ● **Zehn kleine Krabbelfinger**

Marianne Austermann • Gesa Wohlleben

Zehn kleine Krabbelfinger

Spiel und Spaß
mit unseren Kleinsten

Mit Fotos von Gudrun Steinfort

Kösel

Hinweise

Von einem Teil der in diesem Buch erschienenen Beiträge und Fotos erfolgte die Erstveröffentlichung in der Zeitschrift »spielen und lernen«.

Alle in diesem Buch gemachten Angaben, Daten und Anregungen wurden von den Autorinnen nach bestem Wissen erstellt und vom Verlag sorgfältig überprüft. Dennoch erfolgen die Angaben ohne Garantie oder Verpflichtungen. Deshalb werden vom Verlag und von den Autorinnen keinerlei Verantwortung oder Haftung für eventuelle Unrichtigkeiten, Schäden oder Nachteile übernommen.

26., neu gestaltete und überarbeitete Ausgabe 2007
Copyright © 1989 Kösel-Verlag, München, in der Verlagsgruppe Random House GmbH
Umschlag: KOSCH Werbeagentur, München
Umschlagfoto: Gudrun Steinfort, Berlin
Illustrationen: Renate Sander, Berlin
Notensatz: Christa Pfletschinger, München
Druck und Bindung: Kösel, Krugzell
Printed in Germany
ISBN 978-3-466-30570-4

Gedruckt auf umweltfreundlich hergestelltem Bilderdruckpapier
(säurefrei und chlorfrei gebleicht)

www.koesel.de

Inhalt

Vorwort 7

Die Bedeutung des Spielens 9

Die Entwicklung des Kindes im ersten Lebensjahr 11

Streichelmassage mit Kitzelversen und Schmusespielen 15

Trage- und Schaukelspiele 25

Spiele zum Nachschauen und Lauschen 29

Strampelspiele 36

Bauchlagespiele 43

Drehspiele 46

Schoßspiele 49

Wasserballspiele 52

Luftballonspiele 56

Spiele zum Fühlen und Staunen 59

Tast- und Greifspiele 65

Hopse- und andere Tobespiele 70

Knie-Reiter-Spiele 73

Fliegen und Schweben 76

Wasserspiele 78

Spiele mit Spiegel und Spiegelfolie 84

Musikspiele mit einfachen Instrumenten 87

Erfahrungsspiele 92

Papier- und Wattespiele 99

Laubspiele 101

Sandspiele 103

Fingerspiele 106

Erste Geschicklichkeitsspiele 115

Schlaf- und Wiegenlieder 121

Empfohlene Bücher und Bildnachweis 126

Register 127

Vorwort

Wer ein Baby beobachtet, kann seinen großen Lebensappetit erkennen. Er zeigt sich nicht nur in dem Bedürfnis nach Wärme, Geborgenheit und Nahrung, sondern in der Neugierde, mit der es seine Umwelt erforscht. Auch dieser »Appetit« will gestillt werden. Bereits kleinste Babys lieben sich wiederholende Melodien, genießen Tanz- und Schmusespiele und lassen sich durch einfache Fingerspiele, Verse und Lieder unterhalten. Tragen und Schaukeln beruhigen und helfen Spannung abzubauen. Wir haben deshalb in unserem Buch Spiele, Lieder und Verse abgewandelt und mit einfachen Bewegungsanregungen kombiniert, so dass alle Sinne angesprochen werden.

Bewegung fördert die körperliche und geistige Entwicklung. Wenn Sie Ihrem Baby spielerische Anregungen geben, die seiner Entwicklung entsprechen, so erleben Sie seine Freude, sein wachsendes Selbstbewusstsein und Selbstvertrauen.

Bei unseren Spielen kann Ihr Baby vieles allein machen und es sollte selbst bestimmen, wann und wie lange es etwas spielen möchte. Beobachten Sie dabei Ihr Kind gut, damit Sie sehen, wann es zu viel wird. Wenn das Baby Hunger oder Durst hat, macht das schönste Spiel keinen Spaß.

Unsere Anregungen basieren auf jahrelanger Erfahrung in der Arbeit mit Eltern-Babygruppen in der Altersstufe von 6 Wochen bis 12 Monaten, die wir im so genannten PEKiP (Prager-Eltern-Kind-Programm) sammeln konnten.

Wir wollen alle Eltern zu Fantasie und Kreativität ermutigen, aber auch zu Selbstinitiative. Diese könnte darin bestehen, dass Sie andere Eltern mit etwa gleich alten Kindern suchen. Die regelmäßigen Begegnungen sind eine gute Möglichkeit, Erfahrungen auszutauschen und gemeinsam etwas zu unternehmen. Jede Art von Kontaktspielen ist für eine gesunde soziale und emotionale Entwicklung des Kindes wichtig. Anzeigen in Tageszeitungen oder Kontaktsuche in geburtsvorbereiten-

Vorwort

den Kursen können diesen Wunsch verwirklichen helfen. Anfangs reichen Gruppen von fünf Kindern aus. Sofern die private Wohnung einen Babytreff nicht möglich macht, können eventuell Räume in kirchlichen oder kommunalen Einrichtungen organisiert werden.

Wir wünschen allen Eltern und Kindern viel Spaß und hoffen, dass es uns gelungen ist, das Bedürfnis nach spielerischen Anregungen für unsere Kleinsten zu befriedigen.

Die Bedeutung des Spielens

Für viele Eltern, die frisch aus der Berufswelt kommen, liegt die eigene Kindheit weit zurück. Oft fehlt es ihnen daher an Anregungen und Fantasie, wie sie mit ihrem Baby spielen können.

Denkt man an die Gesundheit des Babys, so denkt man in erster Linie an pflegerische Tätigkeiten. Geht es um Spielmöglichkeiten, so fühlen sich viele Erwachsene häufig unsicher, hilflos und allein gelassen. Diesen Eltern möchten wir mit unseren einfach umzusetzenden Spielideen helfen.

Wir meinen, dass ein Baby genauso wie es essen, schlafen und atmen auch spielen muss. Oftmals machen sich Eltern große Sorgen, wenn ihr Kind nicht essen will. Wenn es aber nicht spielen will, so wird dies entweder gar nicht bemerkt oder aber zu wenig ernst genommen. Dabei ist das »Nichtspielenwollen« ein ernstes Zeichen, denn zur Gesundheit gehört auch die geistig seelische Gesundheit.

Schon sehr früh nimmt ein Kind im Spiel seine Umwelt wahr und versucht sie zu begreifen, indem es die Dinge betastet, untersucht und mit wachsenden Sinnen spielerisch erfährt.

Beobachten wir ein spielendes Kind, können wir den Ernst, die Konzentration und Ausdauer, die es entwickelt, nur bewundern. Wie viel Freude und Zufriedenheit strahlt ein Kind aus, wenn wir es unterstützen und sein Spiel nicht unterbrechen, sondern es ernst nehmen. Gleichzeitig ist Spiel meist mit körperlichen Bewegungen verbunden, womit Kreislauf, Atmung und Verdauung angeregt werden.

Neue Anregungen sollten wir unserem Kind mit viel Einfühlungsvermögen vermitteln, damit es zu keiner Überforderung kommt. Ein gesundes Baby zeigt sehr deutlich, wann es sich langweilt und neuen Spielschwung braucht. Räumen Sie ihm auch so oft wie möglich die Chance zum »Alleinspiel« ein. Bereits ein wenige Wochen altes Baby ist neugierig. Jedes Ding kann zum Spiel und Spielzeug werden.

Die Bedeutung des Spielens

Im Spiel werden Kreativität, Fantasie, Selbstvertrauen und Selbstständigkeit liebevoll gefördert. Hautkontakt, Kuschel- und Bewegungsspiele begleiten die Tätigkeiten des Alltags ebenso wie Worte und Wortspiele.

Babys haben einen ausgeprägten Nachahmungstrieb. Sie spielen mit Zunge und Lippen und sind wahre Meister von Lallmonologen. Wenn sie unser Interesse bemerken, schafft dieses erste Rede- und Antwortspiel wahre Begeisterungsstürme. Das Spiel ist schon früh ein Schritt in die Gemeinschaft und ein Wunsch nach Kontakt. Ein Kind, das nicht spielen kann, hat Probleme, sich gesund zu entwickeln und kann sich später oft nur schwer in eine Gemeinschaft einfügen.

Das erste Spielzeug ist der eigene Körper. Das Baby erkundet Geschmack und Form mit dem Mund und setzt die Erforschung der Welt bald zusätzlich mit Händen und Fingern fort. Erst wenn das Baby kriecht, krabbelt, steht und spricht, wird der eigene Körper immer weniger interessant. Mit zunehmendem Alter können wir das Spiel mit gutem Spielzeug unterstützen. Spielen sollte jedoch kein verstecktes Intelligenztraining bedeuten. Liebevolle Zuwendung und gemeinsamer Spaß sind wichtiger als teures Spielzeug. Lassen Sie sich von Ihrem Kind in seinen Bann ziehen und Sie werden staunen, dass auch Sie von Ihrem Kind lernen können.

Die Entwicklung des Kindes im ersten Lebensjahr

Jedes Kind hat sein eigenes Entwicklungstempo. Trotzdem kann man deutliche Entwicklungsphasen erkennen, die bei den meisten Babys ähnlich sind. Es ist daher gut, sein Baby zu beobachten, sein Temperament zu erkennen und den Entwicklungsrahmen im Auge zu behalten. Sie sollten die regelmäßige Vorsorgeuntersuchung wahrnehmen und Unsicherheiten und Ängste mit Ihrem Arzt besprechen.

Wir können die Entwicklungsphasen hier nur kurz beschreiben. Deshalb empfehlen wir zu diesem Thema die Bücher, die Sie im Anhang des Buches finden.

Das erste Vierteljahr

Im ersten Vierteljahr macht das Neugeborene noch reflektorische, also unbewusste Kriech-, Schreit- und Greifbewegungen, die sich in den folgenden Wochen und Monaten langsam verlieren und allmählich in bewusste Bewegungen übergehen.

Zuerst lernt das kleine Kind einen Gegenstand mit den Augen zu fixieren, das heißt anzuschauen und zu verfolgen, es dreht dabei später auch den Kopf. Für immer längere Zeit gelingt es dem Baby, die Bewegungen des Kopfes und der Arme willkürlich, das heißt, wenn es will, zu beherrschen. Die Hände, die anfangs geschlossen gehalten werden, öffnet das Baby mitunter, wenn es wach ist, und berührt erst zufällig, dann gezielt Gegenstände, die es interessant findet, die es aber nur greifen kann, wenn Sie ihm diese, wie in Form einer einfachen Ringrassel, in die Hand legen.

Über die Haut nimmt das Baby in dieser Zeit besonders viele Stimulationsreize auf, man kann sagen, es erfährt seine Umwelt über die Haut. Gegen Ende des ersten Vierteljahres wird die Reaktion auf Laute und Geräusche differenzierter, es scheint zunehmend neugierig zu lauschen. Auch das Lächeln wird bewusst und viele Kinder äußern begeis-

11

tert die ersten Vokale »a«, »ä«, die oft am Ende des ersten Vierteljahres von »Gurrlauten« begleitet werden.

Aus dem anfangs unbewussten Lächeln, dem so genannten »Engelslächeln«, das satten und zufriedenen Babys über das Gesicht huscht, wird nach wenigen Wochen ein bewusstes Lächeln, das Ihr Kind immer stärker im Wechselspiel einsetzt. Damit zeigt es, dass es Vertrautes wieder erkennt, dass es sich wohl fühlt, und bald drückt es seinen Spaß mit Glucksen, Jauchzen und lautem Lachen aus, so wie es mit unterschiedlichem Schreien seinem Unmut Luft macht.

In den ersten drei Monaten verändern Babys ihre Lage, indem sie sich kräftig strecken und dehnen. Alles ist mit viel Anstrengung verbunden. Haben Sie daher Geduld bei allem, was Sie mit Ihrem Kind spielen und machen, konzentrieren Sie sich in Ruhe auf Ihr Kind und beobachten Sie immer wieder, wie es sich Ihnen mitteilt. So lernen Sie seine Bedürfnisse kennen und können darauf eingehen. Sie werden staunen, was ein wenige Wochen altes Baby schon kann, wenn Sie es alleine probieren lassen und seine Neugier anregen. Vor allem werden Sie über die Nachahmungsfähigkeit Ihres Kindes verblüfft sein.

3 bis 6 Monate In diesem Zeitabschnitt scheint die Entwicklung des Kindes fast täglich von neuen Überraschungen geprägt zu sein. Das Baby entfaltet sich zusehends, ist länger wach und abends oft so müde, dass es nachts meist durchschläft. Jetzt können sich die meisten Babys vom Rücken auf den Bauch und vom Bauch auf die Seite und wieder zurück drehen.

Da die erste Drehung meist zufällig eintritt, bedeuten die zunehmende Mobilität und der wachsende Bewegungsdrang des Kindes für die Eltern erhöhte Wachsamkeit. Jetzt müssen auch Vorsorgemaßnahmen getroffen werden. Zum Spielen eignet sich eine auf dem Boden ausgebreitete Decke. Auf allen erhöhten Plätzen wie Wickelkommode, Bett, Liege, Sofa oder Tisch ist besondere Vorsicht geboten.

Viele Babys beginnen jetzt zu »schwimmen«, wobei in Bauchlage Kopf, Brust und Arme hochgehoben werden, die Arme seitlich nach oben und die Beine nach hinten gestreckt werden.

Zieht man das Kind zum Sitzen an den Armen hoch, wird der Kopf schon mitgenommen. Das Schaukeln auf dem Bauch wird zeitweise durch das Abstützen auf die Arme abgelöst. Auch die Fähigkeit, sich

mit den Beinen abzustützen, nimmt stetig zu, wobei sich das Baby meist auf die Zehenspitzen stellt und nur gelegentlich die Fußsohlen benutzt. Es entdeckt immer mehr seinen eigenen Körper und spielt auf dem Rücken liegend gern mit seinen Füßen, die es voller Freude in den Mund steckt.

Das Baby betastet und begreift alles mit dem Mund und immer stärker auch mit den Händen; es lernt gezielt greifen und kann zunehmend Gegenstände von einer in die andere Hand wechseln. Seine Freude teilt es laut und fröhlich mit, indem es stimmlich lacht. Es beherrscht immer mehr Laute und probiert mit Interesse neue Variationen aus. Es kann differenzierter hören, schreckt bei lautem Krach nicht nur zusammen, sondern versucht, Geräusche zu lokalisieren, indem es seinen Kopf deutlich der Geräuschquelle zuwendet.

Nun kommt auch die Zeit, wo es zwischen vertrauten und fremden Personen unterscheidet und sich nicht jedem vertraulich und freudig zuwendet. Selbst alte Bekannte wie Großeltern müssen mit Geduld das »Fremdeln« abwarten und tolerieren.

Das zweite Halbjahr

Ihr Kind wird sichtbar mobiler und selbstständiger. Es lernt robben, krabbeln, das selbstständige Sitzen und Aufrichten, wobei die Reihenfolge nicht immer eingehalten wird. Leidenschaftlich gern kriecht und krabbelt es schiefe Ebenen oder Treppen hinauf und übt unermüdlich das Hochziehen an Möbeln, wobei es oft noch nicht weiß, wie es sich wieder hinsetzen soll. Spätestens jetzt sollten Sie Ihre Wohnung kinderfreundlich, das heißt sicher gegen Unfälle gestalten. Am besten krabbeln Sie selbst einmal durch die Wohnung und suchen aus der Kinderperspektive nach Unfallgefahren. Ihr Kind hat jetzt nicht nur am Greifen der Dinge Interesse, sondern genauso am Fallenlassen, woraus sich zu seiner Begeisterung ausdauernde Spiele entwickeln lassen. Kleine Krümel, Steinchen, Fusseln oder Fädchen werden sorgfältig mit Daumen und Zeigefinger ergriffen.

Nicht nur die Geschicklichkeit der Hände nimmt bei diesen Spielen zu, das Baby bekommt über seine Finger auch ständig Impulse zum Sprechen und genauen Sehen. Tastmöglichkeiten sind nicht nur ein Vergnügen für das Baby, sondern fördern auch seine Entwicklung. Sie sollten deshalb einen ständig wachsenden Raum im Leben eines Kindes einnehmen. Dafür ist kein teures Spielzeug notwendig. Es genügen einfache Dinge des täglichen Lebens sowie der Kontakt zu Erwachsenen. Bewegungsspiele werden häufig bevorzugt, da das Kind sich selbst über seine neuen Fähigkeiten freut.

Hopsespiele, Knie-Reiter-Spiele, Versteckspiele sowie Fangspiele werden gegen Ende des ersten Lebensjahres mit Vorliebe gespielt. Das Baby wiederholt gern Dinge, für die es gelobt wird, und sucht immer wieder die Aufmerksamkeit des Erwachsenen.

Jetzt ergeben sich auch schon die ersten Dialoge zwischen Mutter und Kind. Aus dem anfangs oft undeutlichen Plaudern oder den Silbenketten ergibt sich immer mehr ein deutlicher Sprachansatz. Das Kind lernt die ersten Begriffe und zeigt auf Befragen stolz auf das Gesuchte. Dabei liebt es Wiederholungen, Reime, Lieder, Spiele und Rituale. Gegen Ende des ersten Lebensjahres können einige Kinder schon erste gezielte Wörter sprechen.

Der sichtbare Prozess des Selbstständigwerdens bringt aber nicht nur Freude über die gewonnenen Fähigkeiten. Die Fortbewegungsmöglichkeiten bereiten auch Angst, woraus sich durchaus eine Phase der besonderen Anhänglichkeit ergeben kann. Das Kind will sich seiner Bindung zur Mutter immer wieder versichern, um dann mit neuem Schwung auf neue Bereiche zugehen zu können. Viel Geduld und Toleranz sind jetzt gefragt und Eltern können mit sensiblen Hilfestellungen die Entwicklung ihres Kindes begleiten, ohne es zu überfordern.

Streichelmassage mit Kitzelversen und Schmusespielen

Wenn ein Baby geboren wird, ist sein Gefühl für Wärme und Kälte, für Druck und Berührung schon voll ausgebildet. Die Haut ist in den ersten Wochen das wichtigste Organ, mit dem es seine Umwelt wahrnimmt.

Durch frühe Hautstimulation wird auch die Widerstandsfähigkeit gegen Infekte verstärkt. Für viele Babys ist Streicheln daher nicht nur eine angenehme Sinneserfahrung, es dient in vielerlei Hinsicht auch der Erhaltung der Gesundheit und des Wohlbefindens.

Während der Streichelmassage können Sie Ihr Kind gut beobachten und werden durch den engen Kontakt immer sicherer im Umgang mit Ihrem Baby. Hautkontakt, im Arm gehalten werden, hin und her wiegen stimuliert die Atmung und den Kreislauf und unterstützt die Entwicklung der Magen-Darmfunktion bei Neugeborenen. Diese vorteilhafte Wirkung wissen vor allem Babys mit Blähungen und deren Eltern zu schätzen. Deshalb ist es gut, wenn Sie Ihrem Baby so oft wie möglich – vielleicht täglich vor dem Wickeln oder Ba-

Streichelmassage mit Kitzelversen und Schmusespielen

den – die Möglichkeit zum Nacktstrampeln geben, es mit Ihren Händen oder auch mit einem Stückchen Fell, einem Seidentuch, einem Pinsel oder einer weichen Haarbürste, mit Watte oder einer Feder am ganzen Körper streicheln. Sie werden bald merken, wie viel Spaß Ihr Baby dabei empfindet, oder ob es eine bestimmte Art des Streichelns nicht mag.

Wichtiger als jede Technik sollte die innige körperliche und seelische Verbundenheit mit Ihrem Baby sein. Vor allem Vätern bietet sich hier eine Möglichkeit, sich intensiv ihrem Kind zu widmen.

Sorgen Sie für Ruhe und Wärme, bevor Sie mit dem Streicheln beginnen. Achten Sie darauf, dass keine Zugluft herrscht, und legen Sie Schmuck, Schuhe und unbequeme Kleidung ab. Setzen Sie sich auf den Boden, auf eine Matte oder weiche Decke. Am Anfang genügen fünf bis zehn Minuten. Legen Sie Ihr Kind entweder auf den Schoß, so dass der Kopf des Kindes in die Richtung Ihrer Füße zeigt, oder legen Sie es auf eine Matte oder auf ein Fell auf den Boden und knien daneben. Ziehen Sie nun das Baby aus. Unter den Po legen Sie am besten eine Windel oder ein Handtuch, denn es kann schon mal feucht werden. Sie können Babyöl zum Massieren nehmen, es genügen aber auch Ihre warmen Hände.

Sie müssen nicht immer ein volles Programm erfüllen. Wenn Sie merken, Ihr Kind hat heute keine Lust, so nehmen Sie nur einzelne Körperteile und streicheln diese sanft. Oft beruhigt sich Ihr Kind dadurch und Sie können fortfahren, vor allem, wenn Sie leise mit Ihrem Kind sprechen oder ihm ein Lied vorsingen.

Körper

Mit den Fingerspitzen und den Handflächen beider Hände wandern Sie leicht und liebevoll über den ganzen Körper. Beginnen Sie am Kopf und gleiten Sie an beiden Seiten des Körpers bis zu den Zehen. Wiederholen Sie dies einige Male. Ebenso können Sie in leicht kreisenden Bewegungen von unten nach oben über den Bauch mit Ihren Fingern laufen und auch leicht kitzeln. Dazu können Sie leise summen oder das Lied von der Schnecke singen, dessen Melodie vom »Bruder Jakob« vielen bekannt ist.

Eine Schnecke ...

Text: Überliefert
Melodie nach »Bruder Jakob« (Volksweise aus Frankreich)

Streichelmassage mit Kitzelversen und Schmusespielen

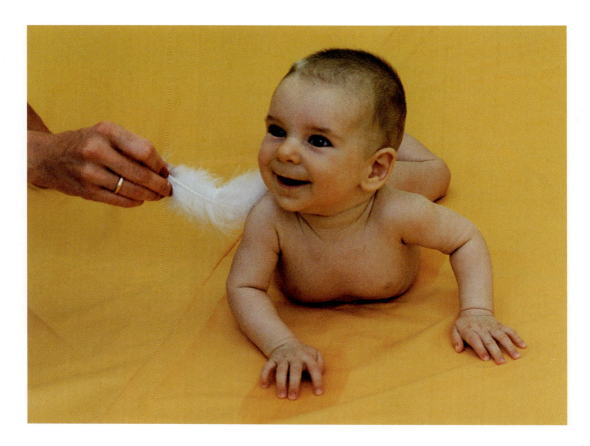

Brust und Bauch Streicheln Sie mit beiden Händen gleichzeitig von der Brustmitte zu den Seiten und wiederholen Sie dies. Dann lassen Sie Ihre Hand mit kreisenden Bewegungen im Uhrzeigersinn um den Nabel gleiten. Vergrößern Sie die Kreise langsam.

Diese »Massage« wird besonders von Kindern mit Blähungen als wohltuend empfunden, da durch die kreisende Streichelrichtung die Blähungen gut nach außen abgeleitet werden können.

Arme Ihre Hände streicheln nun den Arm des Kindes von der Schulter bis zu den Fingerspitzen. Dann nehmen Sie die Arme nacheinander in Ihre Hände, als wollten Sie sie melken. Drücken Sie sie vom Oberarm abwärts abwechselnd bis hin zum Handgelenk. Anschließend lassen Sie mit Ihren Fingern ein Mäuschen über den Arm laufen:

*Da kommt die Maus, da kommt die Maus,
klingeling, klingeling,
ist der »Peter« (Name des Kindes) zu Haus?*
(Am Ohrläppchen klingeln)

Hände

In den ersten Wochen werden die Hände vom Säugling noch geschlossen gehalten. Sie streicheln die Hände sanft auf, indem Sie mit Ihren Fingerspitzen zuerst über den Handrücken, dann über die Handinnenfläche von den Fingerspitzen in Richtung Handgelenk gleiten. Leise gesprochen eignet sich der alte Vers vom Taler dazu:

*Hast einen Taler, gehst zum Markt,
kaufst eine Kuh,
Kälbchen dazu.
Kälbchen hat ein Schwänzchen,
macht: dideldideldänzchen.*
(Dabei leicht kitzeln)

Finger

Drücken Sie vorsichtig mit Daumen und Fingerspitzen die einzelnen Finger und erzählen Sie, angefangen beim Daumen, der die Pflaumen schüttelt, nacheinander dem Kind, was die einzelnen Finger anstellen:

*Das ist der Daumen,
der schüttelt die Pflaumen,
der hebt sie auf,
der bringt sie nach Haus,
und dieser kleine Schelm
futtert alle alleine auf.*

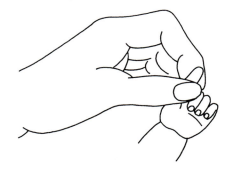

Streichelmassage mit Kitzelversen und Schmusespielen

Beine und Füße

Die Beine werden wie die Arme abwechselnd behandelt. Indem Sie vom Oberschenkel in Richtung Knöchel »melken«, sorgen Sie für eine gute Durchblutung.

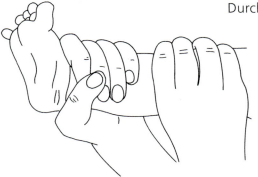

Durch unzählige Nervenbahnen sind die Fußsohlen äußerst feinfühlig. Ganz spielerisch können wir durch das Streicheln eine Bewegung der Zehen erzielen. Sie streicheln einmal über den Fußrücken und können feststellen, dass sich die Zehen strecken. Beim anschließenden Massieren der Fußsohle von den Zehen in Richtung Ferse krallen sich die Zehen wieder zusammen.

Legen Sie einen Strohhalm, ein dünnes Hölzchen, Watteträger oder auch ein dünnes Seil in die Zehenkuhle, so umschließen die Zehen den Gegenstand reflektorisch.

Die einzelnen Zehen sollten Sie genau wie die Finger leicht drücken und kneten. Dazu passt folgender Vers:

Streichelmassage mit Kitzelversen und Schmusespielen

*Der ist in den Brunnen gefallen,
der hat ihn herausgeholt,
der hat ihn nach Haus gebracht,
der hat ihn ins Bett gelegt,
und der kleine Schelm, der lustige,
der hat ihn wieder aufgeweckt.*

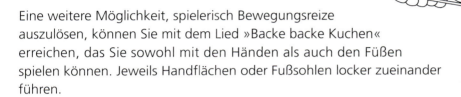

Eine weitere Möglichkeit, spielerisch Bewegungsreize auszulösen, können Sie mit dem Lied »Backe backe Kuchen« erreichen, das Sie sowohl mit den Händen als auch den Füßen spielen können. Jeweils Handflächen oder Fußsohlen locker zueinander führen.

Rücken

Liegt das Kind auf dem Bauch, kann man sehr gut den Rücken streicheln. Hierbei können Sie Ihr Kind auch quer über die eigenen Oberschenkel legen und ihm etwas zum Spielen oder Tasten in die Hände geben. In kreisenden Bewegungen lassen Sie Ihre Fingerspitzen vom Nacken in Richtung Schultern gleiten und von da aus weiter zum Po. Die Pobacken bewegen Sie spielerisch hin und her. Danach streicheln Sie Ihr Kind noch einige Male vom Kopf bis zu den Zehen und beenden damit die »Massage«.

Erfinden Sie andere Möglichkeiten zu zärtlicher Berührung. Zum Beispiel wirken Küsse auf die Fußsohlen beruhigend. Sie können auch mit Ihren Haaren über Babys Körper streicheln.

Reime, einfache Rhythmen und Liedchen wirken stimulierend und ausgleichend, wenn sie leise und sanft die »Massage« begleiten.

*Kommt eine Maus,
die baut ein Haus.
Kommt ein Mückchen,
baut ein Brückchen.
Kommt ein Floh,
der macht soooo.*

Zwei Finger laufen über Füße, Bauch und Arme des Kindes. Ein Finger kitzelt zum Schluss den Bauch.

21

*Fühl einmal mein Schätzchen,
ach, wie ist das fein, ach, wie ist das fein,
so sammetweich wie's Kätzchen,
's kann nicht schöner sein.*

*Jetzt kitzelt's wie ein Mäuschen,
haha, haha, ho, haha, haha ho.
Ach, wie ist das witzig,
jetzt killert es am Po ...*
(Melodie: »Alle meine Entchen ...«, S. 79)

Ei, wie langsam ...

Überliefert

Ei, wie langsam ...
Jeder Weg ist ihm beschwerlich,
jeder tiefe Stein ein Schreck!
Ach, wie würd ich ...
Ach, ...

Ei, wie langsam ...
Sieben lange Tage braucht er,
von dem Eck zum anderen Eck!
Ach, wie würd ich ...
Ach, ...

Streichelmassage mit Kitzelversen und Schmusespielen

Streicheln Sie das Kind am ganzen Körper mit Ihren Händen, einem Stück Fell, einer Feder oder einem Pinsel. Bei »Ach, wie würd ich schneller laufen« laufen Sie mit Ihren Fingerspitzen von den Zehen bis zum Kopf des Kindes sehr schnell hoch. Dann wieder langsam, wie die »Schnecke«, streicheln.

Manche Babys reagieren auf das Streicheln im Gesicht anfangs empfindlich. Warten Sie dann lieber so lange, bis Sie keine Abwehr beim Baby spüren.

Gesicht

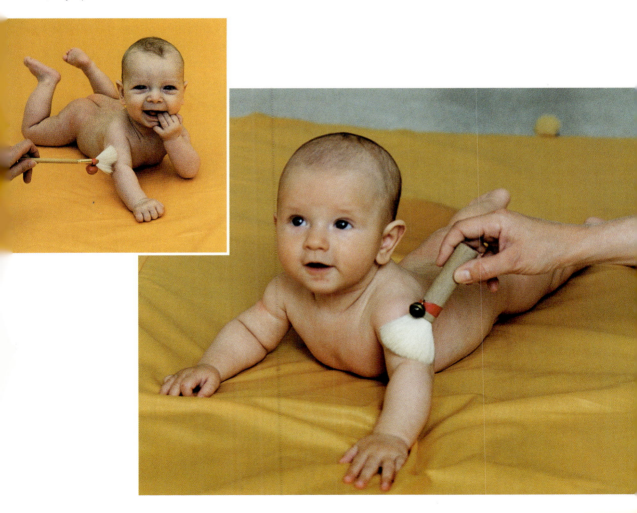

Streichelmassage mit Kitzelversen und Schmusespielen

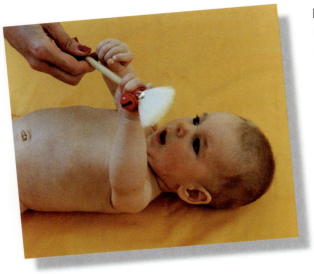

Lassen Sie Ihre Fingerspitzen sanft vom Hinterkopf zum Gesicht kreisen. Befühlen Sie sich auch einmal mit den Nasen oder Lippen. Ein anderes Mal führen Sie abwechselnd die Hände oder Füße Ihres Kindes über Ihr eigenes Gesicht.

*Tipp, tipp, tapp, krabbelt's auf und ab,
rauf und runter und im Kreise,
kitzelt's auf besond're Weise.
Bis ich herzlich lachen muss,
danach krieg ich einen Kuss.*

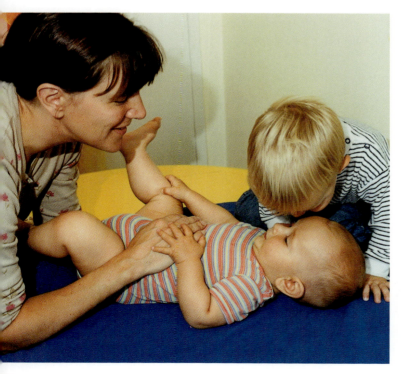

*Komm her, mein Bärchen,
ich streichle dein Härchen.
Komm her, mein Schneckchen,
ich streichle deine Bäckchen.
Komm her, mein kleiner Hase,
ich streichle deine Nase.
Komm her, mein kleiner Hund,
ich streichle deinen Mund.
Beißt du? ...
Na und!
Und in dein Öhrchen
erzähl ich dir ein Märchen.
Komm her, meine kleine Maus,
die Geschichte ist jetzt aus.*

Trage- und Schaukelspiele

Tragen und Schaukeln empfindet ein Baby schon in den ersten Wochen nach der Geburt als außerordentlich beruhigend. Durch das Tragen, Wiegen und Schaukeln wird der Gleichgewichtssinn angeregt und das Kind zu einer aktiven Kopfhaltung stimuliert. Durch unterschiedliche Tragepositionen werden aus alltäglichen Handgriffen erste Spiele. Der Körperkontakt vermittelt Geborgenheit und Vertrauen. Singen und Sprechen geben dem Kind ein Gefühl für Musik und Rhythmus.

Immer, wenn Sie Ihr Kind auf den Arm nehmen wollen, sollten Sie es über eine Seite und nicht über den Rücken aufnehmen. Dadurch wird ein Überdehnen der Halsmuskeln vermieden. Das Baby kann seinen Kopf durch die Unterstützung der Schulter leichter selbständig nach oben nehmen.

Auch kleinste Babys lieben es, wenn sie mit dem Rücken an Ihren Körper gekuschelt seitlich auf Ihrem Unterarm liegen. So können sie ihre Umgebung gut wahrnehmen. Wenn Sie bei diesem Tragen den Kopf des Babys etwas über Ihren Arm hinausragen lassen, wird ganz spielerisch die Kopfhaltung stabilisiert. Wechseln Sie immer wieder die

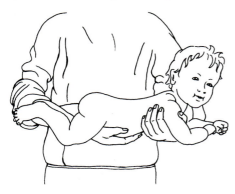

Trage- und Schaukelspiele

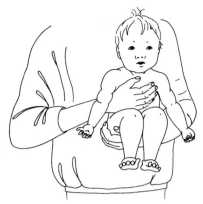

Seiten. Zur Abwechslung können Sie das Kind auch einmal auf dem Bauch liegend tragen, wobei es nach unten schauen kann.

Bei der nächsten Variante sitzt Ihr Kind auf Ihrem Unterarm, so dass es, mit dem Rücken an Ihre Brust gelehnt, in den Raum schauen kann. Ihre Schulter gibt dem Baby Sicherheit zum Halten seines Kopfes.

Es tanzt ein Bi-Ba-Butzemann

Volkweise

Es tanzt ein Bi-Ba-Butzemann
in unserm Haus herum, widibum.
Bald ist er hier, bald ist er dort,
und plötzlich ist er wieder fort.
Es tanzt ein Bi-Ba-Butzemann
in unserm Haus herum.

Trage- und Schaukelspiele

Zu diesem Lied lassen sich besonders gut Schaukel- und Tragespiele durchführen. Der Butzemann kann außerdem noch schleichen, hüpfen, laufen. Setzen Sie Ihr Kind wie beschrieben auf den Unterarm und wechseln Sie die Positionen. Beim Rütteln und Schütteln beugen Sie es sanft abwechselnd zur linken, dann zur rechten Seite. Dabei muss sich Ihr Kind immer wieder neu ausrichten.

Ein sinnliches Vergnügen besonderer Art ist das gemütliche Schaukeln in einer Hängematte, oder wenn Sie diese nicht besitzen, tut's auch eine Decke, ein Laken oder ein anderes weiches Tuch.

Natürlich muss eine sichere Aufhängevorrichtung vorhanden sein, es macht jedoch auch Freude, von Vater und Mutter sicher geschaukelt zu werden, vor allem, wenn diese dabei singen. Schaukelbewegungen entspannen und können das Einschlafen erleichtern.

Trage- und Schaukelspiele

Das Apfelbäumchen

Melodie: Karussellfahrt
Text: Autorinnen

*Auf der grünen Wiese fliegen Käferlein,
ach, wie sind sie niedlich und so klitzeklein.
Käfer, Käfer fliege her zu mir,
Käfer, Käfer ein Liedchen sing ich dir.*

*Auf der grünen Wiese stehen Blümelein,
fliegen viele Bienen, sammeln Nektar ein.
Fliegen, fliegen wie ein Bienchen klein,
fliegen, fliegen, das ist doch sehr fein.*

Setzen Sie Ihr Kind wieder auf den Unterarm. Schaukeln Sie es sanft wiegend mal in die eine und dann in die andere Richtung und drehen Sie sich dabei leicht im Kreise.

Richten Sie anfangs das Tempo nach Ihrem Kind. Mit etwa sechs Monaten kann das Tempo beim Tanzen gesteigert werden. Ist Ihr Kind zu einem Spiel nicht aufgelegt, brechen Sie das Bewegungsspiel ab und versuchen Sie etwas anderes. Singen Sie zu den einzelnen Spielen immer die gleichen Lieder, so dass das Kind sie bald wieder erkennt.

Spiele zum Nachschauen und Lauschen

Hört und sieht Ihr Kind richtig? Hörschäden und Sehstörungen können ein Kind in seiner geistigen Entwicklung erheblich hemmen. Deshalb ist ein Verdacht unbedingt ernst zu nehmen und medizinisch abzuklären, um durch frühzeitige Maßnahmen und entsprechende Hilfen größeren Schaden zu verhindern.

Den einfachen Hörtest mit Knisterpapier, Glöckchen oder Rassel können Sie leicht selbst ausführen. Dazu ist absolute Ruhe wichtig und das Baby sollte satt und zufrieden sein. Stellen Sie sich 20 bis 30 Zentimeter hinter Ihr Kind und beobachten Sie, ob es den Kopf der Geräuschquelle zuwendet. Wiederholen Sie dies einige Male. Reagiert Ihr Kind nicht, ist dies zwar kein Beweis für Schwerhörigkeit, jedoch Grund genug, einen Facharzt aufzusuchen.

ACHTUNG
Selbst gemachte Spielsachen aus Haushaltsgegenständen sind für kleine Kinder besonders interessant, benötigen jedoch immer die Aufsicht Erwachsener.

Spiele zum Nachschauen und Lauschen

Auch bei einer Sehschwäche ist die Chance einer Besserung größer, wenn sie früh genug erkannt wird. Reagiert Ihr Kind auf Mobiles und andere Nachschauspiele wenig, so sollten Sie nach dem ersten Vierteljahr den Nachschautest durchführen. Da Babys anfangs noch etwas kurzsichtig sind, auf rote Gegenstände aber besonders gut reagieren, sollten Sie ihm etwa 20 bis 30 Zentimeter vom Gesicht entfernt einen möglichst roten Gegenstand zeigen. Bewegen Sie ihn langsam von einer Seite zur anderen sowie auf und ab und langsam im Kreis. Verfolgt das Kind den Gegenstand nicht, so ist dies ebenfalls kein Beweis. Aber: Es ist besser, den Arzt einmal zu viel aufzusuchen als einmal zu wenig.

Spiele, die das Baby zum Kopfdrehen, Nachschauen und Strampeln anregen, aber auch die Bauchlage fördern, eignen sich in den ersten Wochen besonders gut. Babys können sich erstaunlich gut konzentrieren und mit den Augen einen Gegenstand verfolgen, auch wenn sie ihn noch nicht greifen können.

Ein Mobile schafft wahre Begeisterung. Ein Luftballon mit Zucker oder Erbsen gefüllt und nur wenig aufgeblasen, eine einfache Ringrassel, Knister-, Seiden- oder Zellophanpapier, Plastiktüten mit buntem Wasser, Knöpfen oder buntem Zucker gefüllt, erhöhen die Aufmerksamkeit.

Mobile aus unterschiedlichem Material Und so lässt sich ein ganz individuelles Mobile herstellen: Binden Sie verschiedene Bänder, Glöckchen, Papierknäuel, Plastikfingerhüte, Topfkratzer oder auch Federn und Pfeifenputzer an einem Kleiderbügel, einem Holz-, Plastik- oder Strohkranz fest. Auch ein Zweig aus dem Garten wirkt sehr dekorativ.

Hängen Sie die verschiedenen Mobiles so auf, dass das Kind vom Wickelplatz, vom Bettchen oder vom Spielplatz auf dem Boden, die Bewegungen des Mobiles gut mit den Augen verfolgen kann.

Plastikfingerhüte werden mithilfe einer glühenden Nadelspitze gelocht und mit bunten Geschenkbändern oder Seidenbändern durchzogen. Verknoten Sie eine kleine Perle als »Pendel« und hängen Sie ca. 15 bis 20 »Fingerhutglöckchen« in unterschiedlicher Länge auf.

Bei jedem Luftzug, bei Berührung mit dem Finger oder beim Anpusten gibt es einen besonders schönen Klang.

Für den **Bänderkranz** nehmen Sie einen runden Reifen. Schneiden Sie 30 Zentimeter lange und 5 Zentimeter breite Streifen aus unterschiedlichen Materialien aus und befestigen diese an dem Reifen. Binden Sie einige Metallglöckchen an die Streifen, damit er auch bei Berührung schön klingt.

Für ein **Papierkugelmobile** brauchen Sie 6 bis 8 Papierkugeln in unterschiedlicher Größe (Kaufhaus), Stoff oder Krepppapier in unterschiedlicher Farbe, Geschenkband, kleine Metallglöckchen, einen Holzkranz, Kleiderbügel oder Zweig.

Schneiden Sie den Stoff oder das Papier je nach Größe der Bälle so zu, dass genügend Papier oder Stoff zum Zubinden übrig bleibt. Auf jedes Bändchen ziehen Sie noch ein Glöckchen. An unterschiedlich langen Bändern werden die Kugeln aufgehängt.

Auch an einem **Luftballonmobile** hat Ihr Kind viel Freude. Luftballons werden an einem Zweig, Kleiderbügel oder Holzkranz in unterschiedlicher Farbe und Größe an bunten Bändern aufgehängt. Achten Sie darauf, dass die Luftballons nicht zu dick aufgeblasen werden, sie platzen sonst leicht. Am Anfang genügt auch ein Luftballon in einer kräftigen Farbe, den Sie mit etwas Zucker füllen (gibt einen besonders schönen Klang). Die Luftballons bewegen sich durch den Luftzug leicht hin und her.

Spiele zum Nachschauen und Lauschen

Glöckchen-handschuh

Ein Glöckchenhandschuh, den Sie sich über die Hand streifen, weckt Interesse bei Ihrem Baby, es übt nebenbei seine Konzentrationsfähigkeit und gibt spielerische Bewegungsanreize. Kleine Metallglocken aus dem Bastelgeschäft werden auf die einzelnen Finger eines Wollhandschuhs gut festgenäht. Sie klingeln bei jeder Bewegung ganz hell und zart und werden auch ein sehr kleines Kind nicht erschrecken. Wir halten den Glöckchenhandschuh im Abstand von 20 bis 30 Zentimetern über den Kopf des Babys. Fasziniert folgt es jeder Bewegung mit den Augen: Langsam zappeln die Klingelfinger mal zur rechten, dann zur linken Seite, mal nach oben über den Kopf und mal nach unten oder beschreiben einen Kreis.

Mit diesem Spiel trainiert Ihr Baby spielerisch seine Augenmuskeln. Es dreht den Kopf und später den ganzen Körper nach den klimpernden Zappelmännern. Wenn es sitzen kann, balanciert es Kopf und Oberkörper aus, indem es sich immer wieder streckend in unterschiedliche Position bringt.

Zehn kleine Zappelmänner zappeln hin und her.
Zehn kleinen Zappelmännern fällt das gar nicht schwer.
Zehn kleine Zappelmänner zappeln auf und nieder.
Zehn kleine Zappelmänner tun das immer wieder.
Zehn kleine Zappelmänner zappeln rings herum.
Zehn kleine Zappelmänner die sind gar nicht dumm.
Zehn kleine Zappelmänner kriechen ins Versteck.
Zehn kleine Zappelmänner sind auf einmal weg.
Zehn kleine Zappelmänner rufen jetzt hurra.
Zehn kleine Zappelmänner sind nun wieder da!
(Melodie: »Zehn kleine Negerlein«)

Spiele zum Nachschauen und Lauschen

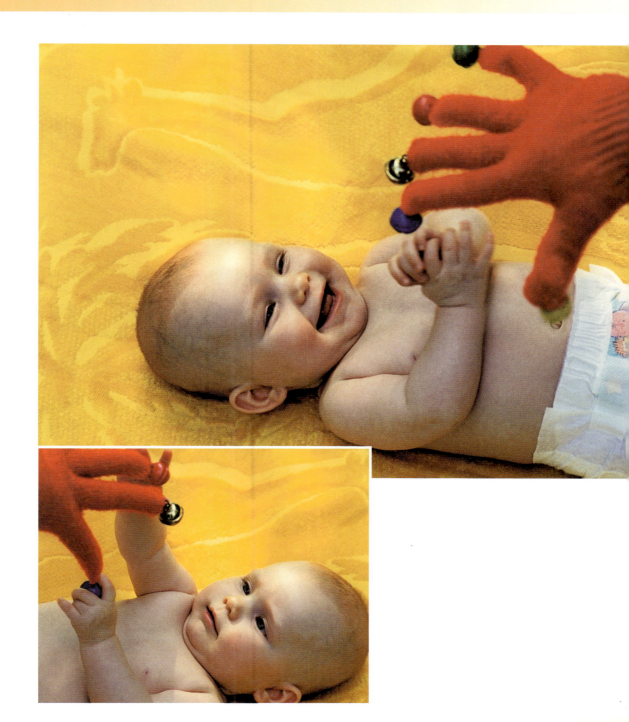

Spiele zum Nachschauen und Lauschen

Wie ein Fähnchen ...

Volksweise

Wie ein Fähn-chen auf dem Tur-me sich kann
drehn bei Wind und Stur-me, so soll sich mein
Händ-chen drehn, dass es ei-ne Lust ist an-zu-sehn!

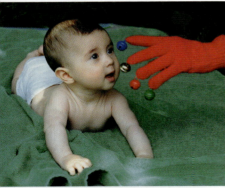

Die Finger Ihrer Hand bewegen sich langsam vor den Augen des Kindes hin und her. Besonders spannend ist es, wenn Sie einen Glöckchenhandschuh tragen oder mit einem Tuch dazu winken.
Lustig sehen auch bunte Bänder zwischen Ihren Fingern aus, die Sie auch an einen Handschuh nähen können.

Spiele zum Nachschauen und Lauschen

Dieses Lied lässt sich nicht nur mit den Händen, sondern auch mit den Füßen spielen. Um das Kind neugierig auf seine Füße zu machen, verdecken Sie seine Füße mit einem Tuch und singen oder sprechen Sie dementsprechend ... »So soll sich mein Füßchen drehn.«

Das zarte Klingen von Metallglöckchen mögen fast alle Babys. Binden Sie verschiedene Metallglöckchen fest an einen kleinen Schneebesen.

Glöckchen hinter Gitter

35

Strampelspiele

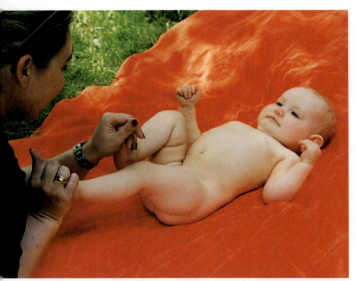

Diese Spiele sind besonders beliebt, wenn Ihr Baby anfängt, seinen Körper wahrzunehmen, wenn es versucht, seinen Kopf zu halten und Spaß an den verschiedensten Bewegungen hat.

Halten Sie die Beinchen so, dass Sie die Fußsohlen des Kindes gegen Ihre Handinnenflächen drücken können, dadurch können Sie das Kind zu aktiver Bewegung stimulieren.

Beugen Sie mal das eine, dann das andere Bein und drücken es sanft gegen den Bauch des Kindes. Führen Sie die Bewegung langsam aus und achten Sie auf den Gegendruck des Kindes.

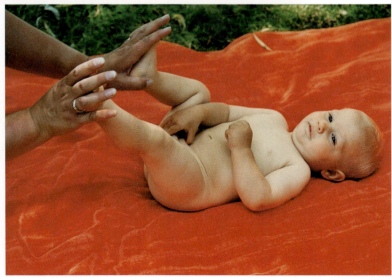

Strampelspiele

Die Maus hat rote Röckchen an,
damit sie besser tanzen kann.
Sie tanzt damit nach Dänemark,
denn Tanzen macht die Beine stark.
(Nach Janosch)

Guten Morgen, ihr lieben Beinchen.
Wie heißt ihr denn?
Ich heiße Hampel!
Ich heiße Strampel!
Ich bin das Füßchen Tu-nicht-gut!
Ich das Füßchen Übermut!
Tu-nicht-gut und Übermut
gehen auf die Reise.
Patschen durch die Sümpfe,
nass sind Schuh und Strümpfe.
Schaut die Mutti (Vati) um die Eck',
laufen alle beide ganz schnell weg.
(Paula Dehmel)

Ich fahr mit meinem Fahrrad
durch's schöne, weite Land.
Ich radel von den Alpen
bis hin zum Nordseestrand.

Mal muss ich kräftig treten,
mal geht's von ganz allein.
Am Abend werd ich müde
vom vielen Strampeln sein.
Klingelingeling …
(Melodie: »In einem kleinen Apfel«,
S. 50)
Auch zu diesem Lied lässt es sich temperamentvoll strampeln.

Strampelverse

Die Fußsohlen des Kindes berühren Ihre Handinnenfläche

Etwas schneller werden

Beinchen einzeln schütteln
Fußsohlen streicheln oder küssen

Gegen die Handinnenfläche strampeln lassen

Papier, Frotteeläppchen, Windel oder Seidentuch auf das Gesicht des Kindes legen und langsam wieder abziehen. Kuckuck, da sind sie wieder!

Strampellied

Strampelspiele

Große Uhren

Wort und Weise: Karl Karow

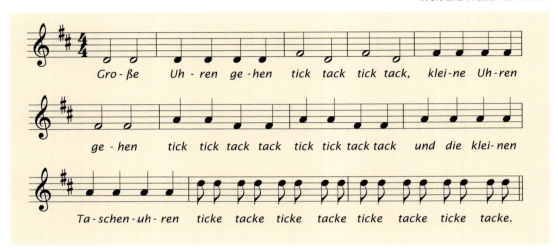

Gro-ße Uh-ren ge-hen tick tack tick tack, klei-ne Uh-ren ge-hen tick tick tack tack tick tick tack tack und die klei-nen Ta-schen-uh-ren ticke tacke ticke tacke ticke tacke ticke tacke.

Anfangs gestalten Sie das Tempo langsam und werden nur vorsichtig schneller. Mit zunehmendem Alter Ihres Kindes können Sie das Tempo steigern.

Auch die Arme wollen gezielt mitmachen. Sie werden staunen, wie schnell die Freude bei diesem »Fitness-Spiel« mit entsprechender musikalischer Untermalung wächst.

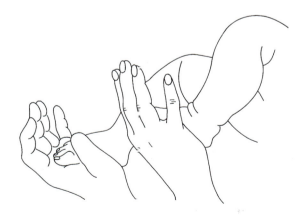

Wir öffnen jetzt das Taubenhaus ...

Überliefert

Die Arme weit ausbreiten und wieder über der Brust schließen. Dabei sollten Sie darauf achten, dass Ihr Kind die Zeigefinger oder Daumen Ihrer Hand festhält.

Beim größeren Kind können Sie das Öffnen und Fliegen mit Ihren Armen und Händen vormachen.

Sie können das Lied auch mit Ihrem Kind tanzen. Sie halten es auf dem Bauch mit dem einen Arm unter dem Brustkorb, wobei die Hand den Oberarm gut festhält. Mit dem zweiten Arm greifen Sie zwischen seine Beine und halten es gut am Bauch fest und lassen es fliegen. Beim »Sie kehren heim« nehmen Sie Ihr Kind fest in den Arm, setzen sich und gurren.

Strampelspiele

Die Ziehharmonika

Überliefert

Ich habe eine Ziehharmonika,
tschin-de-ras-sa, tschin-de-ras-sa bum bum bum.
Sie spielt uns immer wieder die al-ler-schöns-ten
Lie-der, ich habe ...

Die Arme werden über dem Bauch vorsichtig überkreuzt und dann wieder nach beiden Seiten ausgebreitet. Danach legen Sie beide Arme einmal seitlich neben den Kopf und dann wieder seitlich an den Körper des Kindes. Nun werden abwechselnd einmal der eine Arm nach oben und der andere nach unten gelegt.

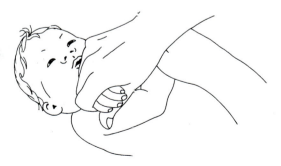

*Die Maus hat rote Handschuh an,
damit sie besser rudern kann.
Sie rudert bis nach Dänemark,
denn Rudern macht die Arme stark.*
(Nach Janosch)

Strampelspiele

Ich bin der kleine Hampelmann

Überliefert

Ich bin der klei-ne Ham-pel-mann, der
Arm und Bein be-we-gen kann, mal links hm hm, mal
rechts hm hm, mal auf hm hm, mal ab hm hm und
manch-mal auch klipp klapp.

Man hängt mich einfach an die Wand
und zieht an einem langen Band,
mal links, ...

Ich mache stets ein froh' Gesicht,
das Lachen, das vergeht mir nicht,
mal links, ...

Mein Kopf, der ist so müd
und schwer
vom vielen Hampeln hin und her,
mal links, ...

Und kommt für mich die Schlafenszeit,
dann bin ich armer Mann befreit,
mal links, ...

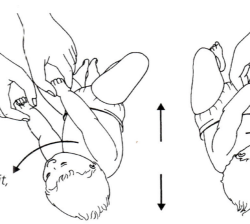 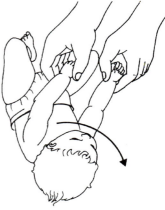

41

Strampelspiele

Berliner Strampellied

Bei diesem Spiel bekommen Arme und Beine etwas zu tun. Halten Sie die Füße Ihres Kindes so, dass seine Fußsohlen gegen Ihre Handinnenflächen drücken. So können Sie gut feststellen, ob Ihr Kind Spaß an diesem Spiel hat und aktiv mitmacht. Das merken Sie sehr gut daran, wie Ihr Kind gegen Ihre Hände drückt. Drücken Sie nun sanft beide Beine in Richtung Bauch, so dass die Beine gebeugt werden, danach wieder strecken.

Führen Sie bei »rechts« und »links« beide Beine zur jeweiligen Seite, bei »auf« und »ab« nach oben oder unten. Das Klatschen bei »klipp« und »klapp« wird von den Fußsohlen ausgeführt. Auch mit den Armen kann dieses Spiel sehr schön ausgeführt werden.

Ich fahr mit meinem Fahrrad	
von Spandau nach Berlin,	Sacht gegen die Handinnen-
von Spandau nach Berlin,	flächen strampeln lassen
und wenn ich keinen Platten hab,	
dann komm ich heut noch hin.	
Jetzt seh ich schon den Funkturm	
und auch das ICC,	Die Arme abwechselnd auf und
und auch das ICC.	ab bewegen und überkreuzen
Ich radel bis zum Ku'damm	
und dann zum KaDeWe.	
Nun muss ich heimwärts radeln,	
das fällt mir gar nicht schwer,	Rechtes Bein über das linke Bein
das fällt mir gar nicht schwer.	grätschen
Die Mama steht am Fenster,	
und freut sich schon so sehr.	
Ich geb ihr schnell ein Küsschen	
und streichel sie ganz sacht,	Rechten Fuß über Kreuz zur lin-
und streichel sie ganz sacht,	ken Hand führen und umgekehrt
dann geh ich in mein Kuschelbett	
und sage gute Nacht.	

(Melodie: »Alle meine Entchen ...«, S. 79)

Bauchlagespiele

Viele Babys genießen es, von Anfang an auf dem Bauch zu liegen, bei anderen muss man den Spaß daran erst wecken. Das Kind trainiert in Bauchlage viele Muskeln, die es zum Krabbeln benötigt. Zugleich wird es zum Heben des Kopfes angeregt.

Sie können Ihrem Kind die Sache erleichtern, indem Sie ihm Ihren Arm oder ein aufgerolltes Badehandtuch unter die Brust legen. Liegt Ihr Baby gut, so drücken Sie seinen Po sanft auf die Unterlage und streicheln mit der anderen Hand seinen Rücken. Viel Spaß macht es, wenn Sie sich bäuchlings vor das Kind legen und es anschauen oder ihm ein Spielzeug reichen. Singen oder sprechen Sie dazu nach der Melodie von Bruder Jakob.

Bauchlagespiele

Wo ist denn ...

Volksweise aus Frankreich
Melodie: »Bruder Jakob«

Wo ist denn die An-na? Wo ist denn die An-na? Wo bist du? Wo bist du? Wie geht's dir denn heu-te? Wie geht's dir denn heu-te? Hof-fent-lich recht gut! Hof-fent-lich recht gut!

Spielidee mit Spielzeugschnur

Hängen Sie an eine zwischen zwei standfesten Stühlen aufgespannte Schnur unterschiedliche Sachen wie: Luftballons, Rassel, Glöckchen, buntes und knisterndes Papier, bunte Bänder oder Tücher aus verschiedenen Stoffen. Binden Sie nie mehr als vier verschiedene Dinge gleichzeitig fest, sonst ist Ihr Kind nur verwirrt.

Legen Sie nun das Baby auf den Rücken unter die Spielzeugschnur oder auch mal auf den Bauch vor die Schnur, damit es sein Köpfchen strecken muss.

Bauchlagespiele

Vor Begeisterung zappelnd kommt es zufällig mit Armen oder Beinen an die Sachen, woraus sich bald das bewusste Greifen entwickelt.

TIPP Luftballon nur schwach aufblasen, dadurch wird die Gefahr des Platzens verringert.

Drehspiele

Meist zeigt ein Baby sehr deutlich seinen nächsten Entwicklungsschritt durch unermüdliches und ausdauerndes Probieren bestimmter Bewegungsabläufe an. So wird der Wunsch, sich zu drehen, durch erste Rollbewegungen angedeutet. Geben Sie jetzt kleine Hilfestellungen, wird es mit Schwung dabei sein. Stimulieren Sie das Kind mit einem Spielzeug zu der Seite zu schauen, zu der es sich drehen möchte. Legen Sie ein Bein über das andere, dann rollt es fast allein auf den Bauch. Kann Ihr Kind gezielt greifen, so geben Sie ihm eine Ringrassel. Ziehen Sie es damit vom Rücken auf den Bauch.

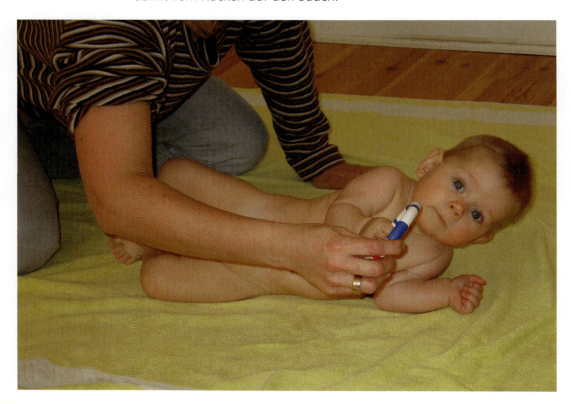

Drehspiele

Füllen Sie einen durchsichtigen Wasserschlauch, der etwa 40 Zentimeter lang ist und einen Durchmesser von 1,5 Zentimeter hat, zu einem Viertel mit kleinen Holz-, Glas- oder Zuckerperlen.

Achten Sie darauf, dass sich die Perlen im Ring bewegen und rasselnde Geräusche machen. Verbinden Sie die beiden Enden des Schlauches mit einem Holzdübel oder einer dicken Perle, die mit etwas Schnellkleber versehen werden. Gut trocknen lassen!

Ringrassel aus einem Wasserschlauch

Versucht Ihr Kind in Rückenlage mit dem Kopf hochzukommen, bieten Sie ihm den Zeigefinger zum Festhalten an und umfassen Sie das Handgelenk des Babys. Ziehen Sie es ein wenig zum Sitzen hoch und legen Sie es dann wieder hin. Kann es sich gut festhalten und beugt es die Arme beim Hochkommen, so lockern Sie den Griff um das Handgelenk. Dadurch kann Ihr Kind erkennen, dass es sich mit eigener Kraft festhalten muss. Besonders deutlich wird dies, wenn Sie ihm Ringe (Ringrassel) zum Festhalten bieten und vorsichtig nach oben führen.

Miniklimmzug

 Legen Sie anfangs ein Kissen unter seinen Kopf, damit es beim eventuellen Loslassen geschützt ist.

Stemmt es sich beim Hochziehen mit den Füßen gegen die Unterlage, können Sie es bis zum Stehen hochziehen. Geben Sie Ihrem Kind Hilfestellung, doch vermeiden Sie langes Sitzen und Stehen.

47

Drehspiele

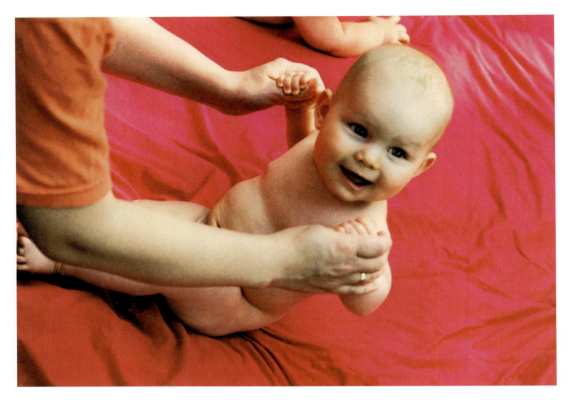

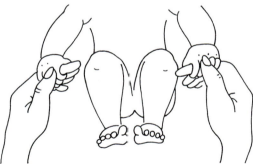

Mit diesem Spiel unterstützen Sie die Bewegung des Aufrichtens, die Kräftigung der Bauchmuskulatur, die Fähigkeit des Festhaltens und die Freude am Können.

*Auf und ab,
rauf und runter,
geht es immer wieder munter.
Guten Tag, auf Wiederseh'n,
ich find, du machst das wunder-, wunderschön.*

Schoßspiele

Mit den Schoßspielen wird der Blickkontakt zu Ihrem Baby gefördert; sanft geschaukelt muss es seinen Kopf ausbalancieren und fühlt sich trotz der indirekten Anstrengung nah und geborgen.

Das Kind liegt so, dass der Po auf Ihren Schoß drückt, die Beine angewinkelt an Ihrem Brustkorb liegen und Oberkörper und Kopf auf Ihren Oberschenkeln ruhen.

Bewegen Sie Ihre Beine nun sanft auf und ab, so dass es zu leichten Schaukelbewegungen kommt. Beugen Sie sich später auch einmal ganz sanft zur rechten oder linken Seite. Hierbei wird Ihr Kind aktiv zum Ausbalancieren seines Kopfes angeregt.

Zum Schaukeln eignet sich folgender Vers gut:

*Ein Schiffchen fährt
auf dem Meer,
es schaukelt hin,
es schaukelt her,
kommt ein Sturm
(pusten),
fällt das Schiffchen um!*

Legen Sie Ihr Kind nun wieder auf den Schoß und achten Sie darauf, dass der Kopf Halt hat (legen Sie eventuell ein Kissen unter den Kopf).

Schoßspiele

Abwechselnd beugen Sie einmal Ihr rechtes, dann Ihr linkes Bein. Dadurch entstehen seitliche Schaukelbewegungen. Führen Sie diese Bewegungen anfangs ganz langsam durch. Mit der Zeit können Sie das Tempo steigern und auch mal Ihren Oberkörper nach hinten kippen.

Schaukellied

Melodie: »In einem kleinen Apfel«
Text: Autorinnen

Ich schaukel auf dem Wasser, mal auf und auch mal ab. Mein Boot, das fährt mich sicher, der Wind treibt mich nicht ab.

Ich strecke meine Arme wohl zu den Fischen hin,
ich winke mit den Händen,
weil ich so fröhlich bin.

Mein Boot erreicht den Hafen, ich hol die Segel ein,
der Wind fängt an zu blasen (pusten),
und ich lauf blitzschnell heim.

Zu diesem Lied können Sie Ihr Kind wie auf einem Boot schaukeln. Sie sitzen auf dem Boden und Ihr Kind liegt auf Ihren Oberschenkeln, so dass Sie sich anschauen können. Halten Sie es an den Armen fest. Schwingen Sie mal nach hinten, dann nach vorne. Anschließend können Sie seitliche Schaukelbewegungen ausführen. Natürlich alles ganz sacht, damit Ihr Baby nicht »seekrank« wird. Gleichzeitig ist dieses Spiel ein gutes Training für die Bauchmuskeln des Erwachsenen.

Schoßspiele

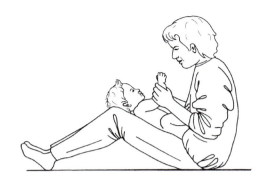

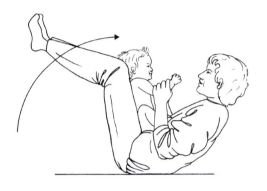

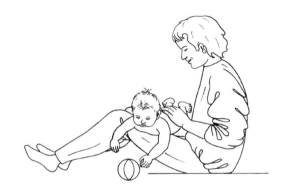

Geht der Peter Nüsse schütteln ...

Volksweise aus Masuren

Wasserballspiele

Ein ideales Spielzeug für Ihr Baby ist der Wasserball. Beim Spielen werden die angeborenen Strampel-, Kriech- und Greifreflexe voll genutzt, die später in bewusste Bewegungsabläufe übergehen. Als Spielplatz eignet sich der Fußboden, auf dem Sie eine Wolldecke ausbreiten.

Binden Sie eine Schnur an einen nicht zu fest aufgeblasenen Wasserball von etwa 30 Zentimetern Durchmesser (später kann er auch größer sein). Ein Glöckchen am Band erhöht den Reiz. Knien oder setzen Sie sich nun auf den Boden vor Ihr Kind, und das Spiel kann beginnen.

Handballspiel

Zeigen Sie Ihrem Kind zunächst einmal den Ball in einem Abstand von etwa 20 Zentimetern. Bewegen Sie ihn von einer Seite zur anderen und über den Kopf, so dass das Kind dem Ball mit Kopf und Augen folgen kann. Halten Sie dann den Ball so tief, dass das Kind ihn mit den Händen berühren kann.

Zunächst wird es zufällig danach schlagen und ihn zum Schwingen bringen. Es versucht, die Hände in der Mitte zusammenzubringen, um ihn festzuhalten. Gegenstände, die sich bewegen, werden leichter und früher wahrgenommen als unbewegte.

Nun halten Sie den Ball so hoch, dass das Kind auch seine Arme danach ausstrecken muss.

Folgender Vers regt das Kind zur aktiven Bewegung an:

Lass das Fäustchen boxen, boxen, boxen,
lass das Fäustchen boxen,
1 – 2 – weg – ist der Ball.

Fußballspiel

Halten Sie den Ball so tief, dass er die Füße des Kindes berührt; dadurch wird es angeregt, seine Beine zu heben und dagegen zu strampeln. Schieben Sie zur Unterstützung eine Hand unter seinen Po und heben Sie das Becken etwas an, so geht's leichter.

Vor Begeisterung zappelt das Kind mit dem ganzen Körper. Auch zum »Fußballspiel« eignet sich ein Lied oder Vers, der nach der Melodie »Komm, wir wollen tanzen«, S. 111 gesungen werden kann:

Lass die Beinchen strampeln, strampeln, strampeln.
Lass die Beinchen strampeln, 1 – 2 – weg ist der Ball!
Lass die Füßchen treten, treten, treten.
Laß die Füßchen treten, 1–2 – Tor!!!

Dabei verschwindet der Ball kurz hinter Ihrem Rücken, um gleich wieder aufzutauchen.

Wasserballspiele

Rollen auf Ball oder Krabbelrolle

Beim nächsten Spiel können Sie den Ball als ersten beweglichen oder rollenden Untersatz direkt unter Babys Bauch bugsieren. Das bringt Stimmung. Nach genauem Untersuchen des Balles mit den Händen, mit Mund und Zunge genießt das Baby die neue Perspektive, das Schaukeln und Rollen. Wenn Sie Ihr Baby gut über dem Beckengürtel festhalten – ohne zu drücken –, vermitteln Sie ihm ausreichend Sicherheit für solch aufregende Ballspiele. Arme und Beine müssen frei beweglich sein. Beim hin und her Rollen sollten die Füßchen den Boden berühren, damit sich Ihr Kind abstoßen kann. Wenn es so auf dem Bauch liegt, fällt es Ihrem Kind leicht, seinen Kopf anzuheben. Das streckt und kräftigt die Rückenmuskulatur.

Beim sanften hin und her Rollen lernt Ihr Kind, sein Gleichgewicht gut auszubalancieren. (Anstelle eines Wasserballs, der im Winter nur schwer zu bekommen ist, eignet sich auch eine Krabbelrolle.) Vielleicht mag Ihr Kind irgendwann lebhaftere Ballspiele? Dann legen Sie eine

Wasserballspiele

Rassel oder ein anderes attraktives Spielzeug vor den Ball: Seine Bewegungen werden lebhafter, bald wird es nach dem interessanten Gegenstand greifen wollen. Spätestens dann ist es Zeit, das Spiel mit einem Lied zu begleiten.

Ich rolle, rolle, rolle

Text: Autorinnen

Das Sitzen auf dem Ball ist eine andere Variante. Lassen Sie Ihr Kind aber erst sitzen, wenn es seinen Körper schon gut beherrscht und seinen Kopf halten kann. (Vermeiden Sie starres Sitzen.)

Halten Sie es gut in der Hüfte und schaukeln Sie es hin und her. Beim Federn auf dem Ball stimmen Sie »Hopp, hopp, hopp, Pferdchen lauf Galopp« oder »Hoppe, hoppe, Reiter« an.

Reiterspiel

Luftballonspiele

Schon wenige Wochen alte Babys reagieren vergnügt, wenn ein bunter Luftballon, der mit einem Band an Bettchen, Wiege oder Kinderwagen befestigt ist, vor den Augen auf- und abschwebt. Die Neugierde wächst noch, wenn Sie die Luftballons vor dem Aufblasen mit etwas Zucker, Grieß, einigen Erbsen oder Nudeln füllen. 2 bis 3 unterschiedlich gefärbte und gefüllte Ballons an einem Bügel befestigt, ergeben ein lustiges Mobile. Blasen Sie die Ballons nicht vollständig auf, damit verringert sich das Risiko, dass sie zerplatzen. Ein weicher Ballon lässt sich auch besser packen und genüsslich knautschen.

Ballons, die zwischen zwei Stühlen an einer Schnur aufgehängt werden, geben Ihrem Kind viele Bewegungsanreize. Wenn es auf einer Decke unter der Schnur liegt, kann es beim Strampeln mit den Armen, Händen, Beinen und Füßen gegen die Ballons kicken.

Wahre Lallmonologe entlocken Sie Ihrem Kind, wenn Sie dem Ballon mit einem ungiftigen Folienstift ein Gesicht aufmalen, und ihm mit einigen Wollfäden, die Sie um die Spitze des Ballons binden, eine Frisur verpassen.

Luftballonspiele

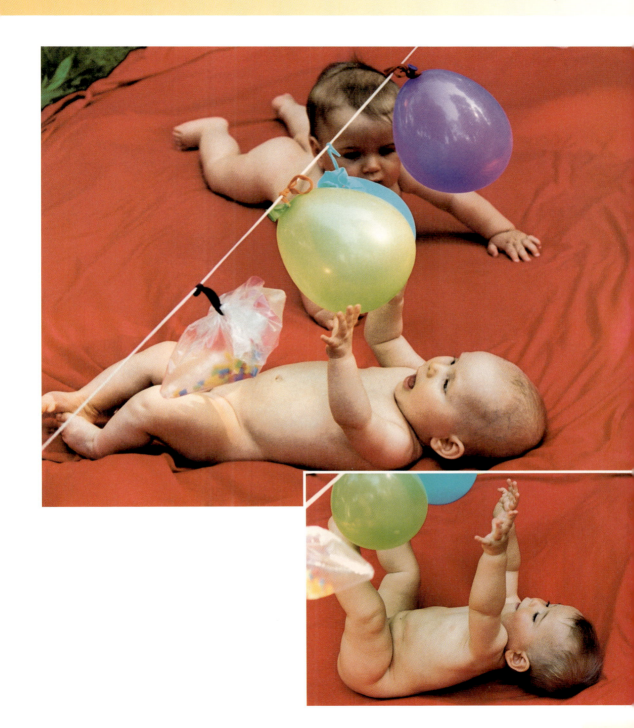

57

Luftballonspiele

Eine reizvolle Alternative zum rollenden Ball ist das Luftballonmännchen für das Krabbelkind. Dazu kleben Sie dem aufgeblasenen Ballon Pappfüße auf oder befestigen zwei Wäscheklammern am Mundstück.

Sogar beim abendlichen Bad bringt der Luftballon Spaß: Einem aufgeblasenen Luftballon, der nicht verschlossen wurde, entweicht unter Blubbern Luft – zum größten Vergnügen der Kleinsten.

Achten Sie darauf, dass Ihr Kind nicht an den Luftballons lutscht, denn die in Luftballons enthaltenen Weichmacher können gesundheitliche Schäden hervorrufen.

Luftballon

Melodie: (Hopp, hopp, hopp)
Text: Autorinnen, Weise: Karl Gottlieb Hering

Spiele zum Fühlen und Staunen

Alles, was Ihr Kind über die Haut erfährt, aktiviert seine Sinne. Allmählich lernt es, verschiedene Dinge zu unterscheiden: Da gibt es Warmes, Weiches, Hartes, Kaltes ...

Einige farbige Tücher, möglichst aus Naturmaterial oder Knisterpapier (Blumenfolie, Einmachhaut, Verpackungshüllen), regen zu körpernahen spielerischen Erkundungen an.

Spiele zum Fühlen und Staunen

Neugierig staunend wird Ihr Kind zuschauen, wie Sie sich unter dem Tuch verstecken. Wie reagiert es wohl, wenn eine bunte Wolke aus einem durchsichtigen Tuch langsam herunterschwebt?

Folienpapier, zu einem Ball geknüllt, raschelt und knistert beständig, wenn es sich langsam entfaltet. Kann Ihr Kind greifen, wird es sich das Tuch oder Knisterpapier selbst überziehen und das erste Kuckuckspiel beginnt.

Kuckuck, Kuckuck ...

Hoffmann v. Fallersleben
Weise aus Österreich

»Ku-ckuck!« »Ku-ckuck!« ruft's aus dem Wald. Las-set uns sin-gen, tan-zen und sprin-gen! Früh-ling, Früh-ling wird es nun bald.

Kuckuck, Kuckuck, ruft es und schallt's:
wo ist mein Schätzchen,
wohl unter'm Deckchen?
Finden, finden, werd ich es bald ...

Spiele zum Fühlen und Staunen

Der Sonnenkäferpapa

Überliefert

Erst kommt der Sonnenkäferpapa; dann kommt die Sonnenkäfermama! Und hinterdrein, ganz klitzeklein, die Sonnenkäferkinderlein und hinterdrein, ganz klitzeklein, die Sonnenkäferkinderlein.

Sie haben rote Röckchen an,
mit kleinen schwarzen Pünktchen dran.
Sie machen ihren Sonntagsgang
auf uns'rer Fensterbank entlang.

Spiele zum Fühlen und Staunen

Daumen und Zeigefinger der rechten Hand sind »Sonnenkäferpapa« und »Sonnenkäfermama«. Die Finger der linken Hand sind die Sonnenkäferkinderlein. Bei einem größeren Kind können die Finger als »Familie« über Tisch, Stuhl oder Boden laufen.

Bastelanleitung für die Fingerpüppchen »Sonnenkäfer«:
Häkeln Sie aus schwarzer oder brauner Baumwolle zunächst den Kopf des Käfers. Schließen Sie 3 Luftmaschen mit einer Kettmasche zu einem Ring. Nehmen Sie nun 6 Maschen in den Ring auf. In der 2. Runde wird jede 2. Masche verdoppelt, in der 3. Runde wird jede 3. Masche verdoppelt. Jede weitere Runde wird glatt weitergearbeitet. Das Köpfchen sollte etwa so groß wie Ihr Daumennagel sein, der Rest ist rot. Augen, Fühler, Punkte können aufgestickt werden. Noch schneller geht es mit roten Fingerhandschuhen, denen man schwarze Punkte und ein Gesicht aufstickt.

Für die Osterzeit eignet sich folgender Vers, der nach der gleichen Melodie gesungen wird:

Erst kommt der Osterhasenpapa,
dann die Osterhasenmama,
und hinterdrein, ganz klitzeklein,
die Osterhasenkinderlein.
Sie haben braune Röckchen an,
mit weißen Stummelschwänzchen dran.
Sie machen ihren Ostergang
da draußen auf dem Feld entlang.

Spiele zum Fühlen und Staunen

Bastelanleitung für die Osterhasenfamilie:
Die Osterhasen arbeiten Sie aus brauner Wolle nach dem Muster der Käferkörper. Für die Ohren nehmen Sie oben am Kopf jeweils 2 Maschen auf und häkeln 2 Runden, in der 3. und 4. Runde je 1 Masche zunehmen, die Sie in der 5. und 6. Runde wieder abnehmen, danach abketten und die letzten Maschen zusammenziehen. Für den Schwanz nehmen Sie in weißer Wolle 3 Maschen auf und häkeln eine Runde, um sie dann zusammenzuziehen und abzuketten. Barthaare und Gesicht können aufgestickt werden.

Was sagen meine 5 Finger?

> *Der erste sagt:*
> Wenn's regnet, das ist gar nicht nett.
> *Der zweite sagt:*
> Wenn's regnet, da bleib ich lieber im Bett.
> *Der dritte sagt:*
> Wenn's regnet, ist das aber traurig.
> *Der vierte sagt:*
> Wenn's regnet, hu, ist das schaurig.
> *Der fünfte sagt:*
> Wenn's regnet, find ich es sehr schön,
> dann kann ich mit meinem Regenschirm
> in die Kindergruppe geh'n.

Mit dem Daumen der linken Hand beginnen und einzeln alle Finger zeigen und ausstreichen. Zum Schluss wird die rechte Hand auf die 5 Fingerspitzen als Dach gegeben.

Spiele zum Fühlen und Staunen

*Zehn kleine Krabbelfinger krabbeln so herum.
Zehn kleine Krabbelfinger schau'n sich dabei um ...
Zehn kleine Krabbelfinger krabbeln rauf und runter.
Zehn kleine Krabbelfinger fühlen sich sehr munter ...
Zehn kleine Krabbelfinger kitzeln jetzt den Fuß,
die Krabbelfinger wundern sich,
dass ich nun lachen muss ...
Zehn kleine Krabbelfinger nähern sich der Nas.
Zehn kleinen Krabbelfingern niese ich jetzt was ...
Hatschiiii ...*
(Melodie: »Zehn kleine Negerlein«)

Krabbeln Sie sanft mit Ihren Fingern dem Text entsprechend über die Haut des Kindes.

Bastelanleitung für die Käferfingerpuppe:
Nach dem Schnittmuster werden jeweils zwei Körperteile aus schwarzem Filz und zwei Flügel aus rotem Filz ausgeschnitten. Die Körperteile werden an den Rändern zusammengenäht oder mit Stoffkleber zusammengeklebt. Für die Finger oder die kleinen Hände lassen Sie unten am Körper ein Einschlupfloch. Die Flügel werden zwischen Kopf und Körper befestigt (siehe Zeichnung). Mit einem Stoffmalfilzer werden schwarze Punkte aufgemalt. Für die Augen eignen sich kleine Kreise aus weißem Filz, die mit einem Wollfaden am Kopf des Käfers befestigt werden. Als Fühler kann ein schwarzes Hutgummi oder auch ein schwarzer Wollfaden dienen. Alles sollte sehr sorgfältig am Kopf befestigt werden. Viel Spaß bei der lustigen Krabbelei.

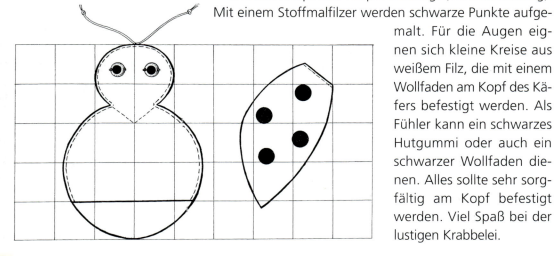

Tast- und Greifspiele

Über die Finger nimmt ein Kind Impulse auf, die es zum Schauen und Sprechen anregen. Es tastet, fühlt und schmeckt und »schaltet seine Sinne voll auf Empfang«.

So ist eine mit wenig Wasser gefüllte und fest verknotete Gefriertüte ganz einfach zum »Reinbeißen« verlockend. Kalt oder warm, weich und die Form wechselnd, geheimnisvoll plätschernd, zieht sie das Kind magisch an. Einige Tropfen Lebensmittelfarbe machen das Wasser bunt. Grieß, Erbsen oder Bohnen, Nudeln, Knöpfe und Perlen in einer Plastiktüte bringen Abwechslung ins Spiel.

ACHTUNG, wenn Ihr Kind schon Zähne hat!

Tast- und Greifspiele

Ein einfacher, bunter Plastiktopfkratzer, an dem ein Glöckchen befestigt ist, regt zu genauer Erkundung an. Ebenso geben harte oder weiche Bürsten (Kleider-, Haar-, Hand-, Massagebürsten) und unterschiedliche Schwämme aufregende Tasterlebnisse.

Aus hygienischen Gründen sollten alle diese Dinge neuwertig sein und aus absolut ungiftigen Materialien. Behalten Sie Ihr Kind im Auge, es wird Ihnen zeigen, wann es etwas langweilig findet, überfordert ist oder eine neue Anregung braucht.

Tastbuch zum Fühlen Bekleben Sie jeweils zwei gegenüberliegende Seiten mit unterschiedlichen Strukturen:

Wolle	–	Wellpappe,
Fell	–	Sandpapier,
Leder	–	Teppichboden,
Samt	–	Kork usw.

Mit festem Band (Lederriemen) werden die Seiten zusammengehalten und mit zwei Metallglöckchen noch verschönert.

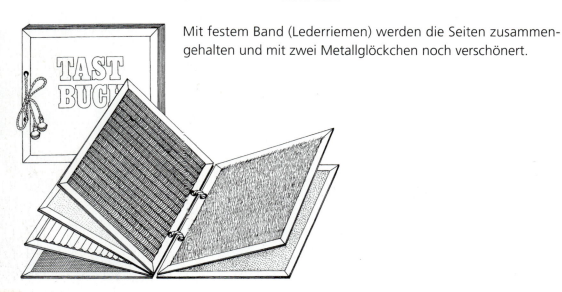

66

Tast- und Greifspiele

Tastsäckchen

Nähen Sie aus Stoffresten kleine Säckchen in unterschiedlicher Größe und Form. Lassen Sie zum Einfüllen des Materials einen Spalt frei und geben Sie wahlweise getrocknete Erbsen, Bohnen, Linsen, Reis, Korken, Nüsse oder Perlen hinein. Die Säckchen werden nur halb voll gefüllt und anschließend zugenäht.

TIPP Schneller geht es mit Baumwoll- oder Perlonstrümpfen. Geeignet sind vor allem farbige, die Sie mit Watte, Styropor, Knöpfen oder anderen Dingen füllen können. Oben und unten mit festem Band verschließen.

Tastwürfel

Alle sechs Seiten eines Styroporwürfels werden mit unterschiedlichen Materialien beklebt. Das geht am schnellsten, wenn Sie den Styroporwürfel mit Doppel-Klebeband (Teppichboden-Klebeband) versehen.

Tast- und Greifspiele

Knopfband

Nähen Sie viele Knöpfe in unterschiedlicher Form, Farbe, Größe und Material mit einem festen Garn (Schustergarn) auf ein breites Band. Befestigen Sie auch noch einige Metallglöckchen, Wollbommeln und Schrallen. Hängen Sie das Knopfband so auf, dass das Kind mit ausgestreckten Armen danach greifen kann.

Knopfkette

Viele verschiedene Knöpfe und einige Metallglöckchen werden auf ein festes Band (Schuhband oder Lederriemen) aufgezogen und oben und unten gut verknotet.

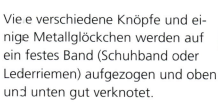

TIPP Mit der Knopfkette können Sie Ihr Kind bei einer längeren Autofahrt sehr gut beschäftigen.

Ketten aus Holzperlen und Kastanien

Tast- und Greifspiele

Bunte Holzperlen begeistern auch schon Babys. Achten Sie beim Kauf darauf, dass Qualität und Farbe für Babys geeignet sind, denn Ihr Kind möchte »seine Kette« vor allem mit dem Mund betasten.

Fädeln Sie unterschiedliche Perlen in Größe und Form auf (ovale, runde, quadratische usw.).

Anstatt Perlen eignen sich im Herbst auch Kastanien oder Eicheln. Bunte Bänder verändern die Kette im Nu. Achten Sie darauf, dass die Ketten nicht reißen und gut verknotet werden.

TIPP Ein Knoten verschwindet leicht, wenn Sie zum Schluss mit zwei dicken Perlen enden und etwas Klebstoff in die Öffnung der Holzperlen geben. Gut trocknen lassen!

Strumpfpferdchen »Fridolin«

Der »Fridolin« wird aus einem Perlon- oder Baumwollstrumpf gebastelt, der mit Styroporschnipseln, Knisterpapier, Watte oder ähnlichem gefüllt wird. Das Ende des Strumpfes ist der Schwanz, der mit vielen bunten Bändern geschmückt wird. Der Fuß des Strumpfes erhält eine Mähne aus Wolle. Zwei besonders fest angenähte Knöpfe bilden die Augen, ein Glöckchen die Nase.

Nach der Melodie von »Alle meine Entchen« können Sie folgendes Lied anstimmen:

> *Mein Pferdchen, das heißt Fridolin.*
> *Hopp, hopp, hopp, he.*
> *Hopp, hopp, hopp, he,*
> *es steht auf einer Wiese*
> *und frisst gerne Klee.*

Hopse- und andere Tobespiele

Hopsen und Hüpfen aktivieren Bein- und Bauchmuskeln und geben immer wieder Anlass zu Spiel und Spaß. Wie bei vielen anderen Spielen wird der Gleichgewichtssinn stimuliert. Das Kind sollte seinen Kopf schon gut halten können. Lassen Sie es federnd hüpfen und tanzen.

Jakob ist ein Zottelbär

Volksweise
Weitere Verse: Autorinnen

Jakob fängt zu springen an, Jakob ist ein wilder Mann ...
Jakob fängt zu hüpfen an, Jakob ist ein flotter Mann ...
Jakob fängt zu fliegen an, Jakob ist ein leichter Mann ...
Jakob fängt zu schaukeln an, Jakob ist ein froher Mann ...

Brüderchen, komm tanz mit mir

Volksweise

Hopse- und andere Tobespiele

Knien Sie sich auf den Boden und halten Sie Ihr Kind unter den Achselhöhlen, so dass sein Gewicht in Ihren Händen ruht.

Ein anderes Mal setzen Sie sich so, dass Ihr Kind über Ihre ausgestreckten Beine federn kann.

Zeigt her eure Füße ...

Melodie: Volksweise
Text: Autorinnen

Sie tanzen, sie tanzen, sie tanzen den ganzen Tag.
Sie springen, sie springen, sie springen den ganzen Tag.
Sie hüpfen, sie hüpfen, sie hüpfen den ganzen Tag.
Sie winken, sie winken, sie winken den ganzen Tag.
Sie nicken, sie nicken, sie nicken den ganzen Tag.
Sie klatschen, sie klatschen, sie klatschen
den ganzen Tag.
Sie kuscheln, sie kuscheln, sie kuscheln den ganzen Tag.
Sie fliegen, sie fliegen, sie fliegen den ganzen Tag.
Sie wiegen, sie wiegen, sie wiegen den ganzen Tag.

Nehmen Sie Ihr Kind auf den Schoß und führen Sie die entsprechenden Bewegungen nacheinander am Boden aus.

Hopse- und andere Tobespiele

Steigt das Büblein ...

Friedrich Güll

Steigt das Büb-lein auf den Baum, ei, wie hoch, man sieht es kaum! Hüpft von Ast zu Äst-chen, schlüpft zum Vo-gel-nest-chen. Ui, da lacht es! Bums, da kracht es! Plumps, da liegt es un-ten!

Halten Sie Ihr Baby mit beiden Händen fest unter den Achseln und lassen Sie es leicht federnd an Ihren Beinen über den Körper aufwärts bis zu den Schultern klettern. Dann stellen Sie es abwechselnd auf beide Schultern und halten es hoch über Ihren Kopf. Schließlich rutscht es mit einem »Plumps« in Ihre Arme.

Knie-Reiter-Spiele

Das Reiten auf den Knien des Erwachsenen ist eines der beliebtesten Spiele zu zweit. Beim rhythmischen Schaukeln liebt das Kind die Spannung, die sich mit dem »Plumps« auflöst und vom Gefühl der Geborgenheit abgelöst wird. Je älter das Kind wird, umso wilder werden die Reiterspiele, bis es die Bewegungen selbst imitiert. Bei diesem Spiel werden nicht nur das Gefühl für Körper und Rhythmus, sondern auch das Vertrauen gestärkt.

Hoppe, hoppe Reiter,
wenn er fällt, dann schreit er.
Fällt er in den Graben,
finden ihn die Raben.
Fällt er in die Hecken,
finden ihn die Schnecken,
fällt er in den Sumpf
macht der Reiter plumps.

Wenn die Kinder kleine sind,
reiten sie auf Knien geschwind.
Wenn sie aber größer werden,
reiten sie auf richt'gen Pferden.
Geht das Pferdchen im Galopp,
fällt der Reiter auf den Kopp.

So fahren die Damen,
so fahren die Damen.
So reiten die Herren,
so reiten die Herren.
So ruckelt der Bauer,
so ruckelt der Bauer zum Tor hinaus.

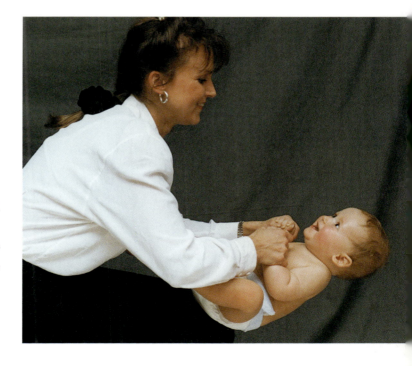

Knie-Reiter-Spiele

Ri – ra – rutsch, wir fahren in der Kutsch,
in der Kutsche fahren wir,
auf dem Esel reiten wir,
ri – ra – rutsch, wir fahren in der Kutsch.

Hopp, hopp, hopp zu Pferde,
wir reiten um die Erde,
die Sonne reitet hinterdrein,
wie wird sie abends müde sein.   Bei »müde sein« den Kopf des Kindes hinlegen

Hopp, hopp, hopp ...

Worte: Karl Hahn
Weise: Karl Gottlieb Hering

Brr, brr, he!
Pferdchen, steh doch, steh!
Kannst ja schon gleich
weiterspringen,
muss dir erst noch Futter bringen.
Brr, brr, he!
Pferdchen, steh doch, steh!

Tipp, tipp, tapp,
wirf mich nur nicht ab.
Pferdchen, tu es mir zuliebe,
sonst bekommst du
Peitschenhiebe.
Tipp, tipp, tapp,
wirf mich nur nicht ab!

Hopp, hopp, ho,
das Pferdchen frisst kein Stroh,
muss dem Pferdchen Hafer
kaufen,
dass es kann im Trabe laufen.
Hopp, hopp, ho,
das Pferdchen frisst kein Stroh.

Knie-Reiter-Spiele

Hätt ich doch ein Pony,
ach, wie wär das fein,
ach, wie wär das fein.
Könnt ich darauf reiten
über Stock und Stein!
Hopp, hopp, hopp, ... Plumps.   Mit der Zunge schnalzen

Hätt ich doch ein Eselchen,
tripp, tripp, trapp,
tripp, tripp, trapp.
Zög es meine Kutsche,
bergauf und -ab!
Tripp, tripp, trapp,
wirf mich nur nicht ab.   Sprechen: Rums – Plums
                                        Mit der Zunge schnalzen

(Melodie: »Alle meine Entchen«, S. 79)

Fliegen und Schweben

Fliegerspiele genießt fast jedes Kind, sowie es mobiler wird. Es trainiert spielerisch seinen Gleichgewichtssinn und findet es herrlich, durch die Luft zu schweben, wobei es Sicherheit und Geborgenheit durch den Erwachsenen vermittelt bekommt.

Legen Sie Ihr Kind mit der Brust auf Ihren Unterarm, wobei Ihre Hand den Arm des Kindes umfasst. Die andere Hand fasst durch die Beine und hält den Bauch. Anfangs lassen Sie das Kind in Körpernähe auf- und abschweben, später können die Arme weiter weg vom Körper das Flugzeug simulieren.

Sollten Sie bei der Fliegerei Angstreaktionen bemerken, verschieben Sie das Spiel auf einen späteren Zeitpunkt.

Nach der Melodie von »Alle meine Entchen« können Sie singen:

*Möcht so gerne fliegen
wie ein Vögelein, wie ein Vögelein,
und in deinem Arme liegen,
was kann schöner sein.*

*Hei, jetzt geht es immer höher
auf und ab im Kreis,
auf und ab im Kreis,
doch nun will ich lieber landen,
sonst wird mir ganz heiß.*

Fliegen und Schweben

Ein anderes Mal umfassen Sie mit beiden Händen Bauch und Brust. Die Beinchen liegen dabei auf Ihren Unterarmen. Heben Sie das Baby kurz an und lassen es gleich wieder herab. Dabei sollte sich das Kind mit den Armen aufstützen. Hat Ihr Kind Spaß daran, können Sie es abwechselnd länger schweben und aufstützen lassen. Durch das Aufstützen werden die Armmuskeln gekräftigt.

Karussellfahrt

Überliefert

Ich flieg in meinem Flugzeug
wohl übers weite Land,
wohl übers weite Land.
Da seh ich viele Leute,
die winken mit der Hand.

Jetzt flieg ich eine Kurve,
ihr Leute sollt mal sehen,
ihr Leute sollt mal sehen,
wie ich in meinem Flugzeug
kann rundherum mich drehen.

Jetzt will ich wieder landen,
mein Ziel soll Hamburg sein,
mein Ziel soll Hamburg sein.
Da kenn ich viele Leute
und bin nicht so allein.

Dieses Lied wird nach der Melodie von »Alle meine Entchen«, S. 79, gesungen.

Ich flieg in meinem Flugzeug

Wasserspiele

Wasser findet fast jedes Baby toll! Mit kleinen Spielen können Sie aus Ihrem Kind eine richtige »Wasserratte« machen. Auch das Baden in der Badewanne macht meist viel Spaß, wenn die Badetemperatur angenehm ist (36° C), das Kind sicher gehalten und es nicht mit einer Kopfwäsche überrumpelt wird. Sobald Ihr Kind seinen Kopf alleine halten kann, können Sie mit ihm zusammen baden und spielen. Am Anfang sollten Sie die Spiele nicht zu lange ausdehnen, da das Baby noch schnell auskühlt.

▶ Lassen Sie das Baby im Wasser strampeln und mit den Händen so planschen, dass es ordentlich spritzt.

▶ Geben Sie ihm einen Waschlappen, eine Bürste, Schwämme oder Schwimmtiere.

▶ Ein anderes Mal darf es mit Gießkanne oder einem »Lochbecher« (Joghurtbecher) spielen. Hierzu eignen sich die großen Joghurtbecher (250 bis 500 g) besonders gut. Mit einer glühenden Stopfnadel lassen sich ganz viele kleine Löcher in den Boden des Bechers zaubern, oder Sie können mit einer spitzen Schere in einen anderen Becher unterschiedlich große Löcher schneiden oder auch nur ein größeres Loch. Füllen Sie nun die Becher abwechselnd mit Wasser, so kann das Kind spüren, wie unterschiedlich sich der jeweilige Strahl anfühlt. Bald wird Ihr Kind begeistert und neugierig mitspielen und das Wasser einfüllen und ausgießen.

Baden Sie zusammen im Badeschaum und lassen Sie es seine Füße suchen, machen Sie sich und Ihrem Kind eine Schaumkrone oder einen Schaumbart, singen Sie lustige Badelieder wie:

Auf der grünen Wiese steht ein Swimmingpool,
möcht so gerne baden,
ach, das find ich cool.
Einsteigen – nassmachen –
pitsche, pitsche, patsch!
Einsteigen – nassmachen –
das Baden macht so'n Spaß.
(Melodie: »Auf der grünen Wiese«, S. 77)

Beim »pitsche, patsche« vorsichtig das Wasser in Bewegung setzen und leicht spritzen.

Alle meine Entchen ...

Volksweise

Alle meine Kinder spritzen sich heut nass, spritzen sich heut nass,
pitsche patsche, pitsche patsche,
hei, ist das ein Spaß!

Dieses Lied singt sich besonders gut in der Badewanne oder beim Spielen mit anderen Kindern im Planschbecken. Vielleicht fallen Ihnen noch andere Verse ein.

Wasserspiele

Wasserspiele im Planschbecken

Ein Planschbecken ist ideal für Balkon und Garten. Achten Sie darauf, dass das Wasser warm ist. 3 bis 4 Eimer Wasser genügen zum Planschen. Ängstliche Kinder nicht überrumpeln, sondern behutsam mit dem »kühlen Nass« vertraut machen.

- Lassen Sie Ihr Kind zum Becken hinkrabbeln und sich am Beckenrand aufrichten. (Beckenrand nicht hoch aufblasen, dann kann das Kind alleine hineinkrabbeln.)
- Setzen Sie es auf den Rand des Beckens und singen Sie »Alle meine Entchen«, »Hopp, hopp, hopp« oder ein anderes Wasserlied.
- Fertigen Sie Schiffchen aus Papier an oder stellen Sie leere Eierkartons ins Wasser, jetzt kann Ihr Kind beim Aufweichen des Papiers und der Pappe zuschauen.
- Geben Sie ihm eine Schüssel, Wäscheklammern, ein Siebchen und einige andere Haushaltsgegenstände.
- Achten Sie darauf, dass das Kind an sonnigen Tagen durch einen Sonnenschirm geschützt wird, oder stellen Sie das Planschbecken an einen schattigen Ort.
- Auch im leeren Planschbecken kann Ihr Kind wunderschön spielen.

Wasserspiele in der Schüssel

Wasserspiele lassen sich auch in einer kleinen Schüssel durchführen. Hauptsache, es darf geplanscht werden.

Sind Sie in Küche oder Bad beschäftigt, dann stellen Sie eine Schüssel mit handwarmem Wasser auf den Boden. Stellen Sie eine zweite Schüssel dazu und schon kann Ihr Kind experimentieren

- mit Teelöffeln (die untergehen),
- mit Wäscheklammern (die stehen),
- mit Spielzeug (das schwimmt),
- mit Papier (das aufweicht),

Wasserspiele

81

Wasserspiele

- ▶ mit Siebchen, Gießkanne, Eimerchen und Trichter,
- ▶ mit Lebensmitteln (Möhren, Äpfel), die Sie gerade schälen wollen.

Tropfen Sie ein wenig Spülmittel ins Wasser. Geben Sie Ihrem Kind einen Schneebesen in die Hand. Je mehr es rührt, umso größer wird der Schaumberg. Besonders viel Schaum entsteht, wenn Sie durch einen Strohhalm oder Wasserschlauch blasen.

 TIPP Füllen Sie nur wenig Wasser ein und lassen Sie Ihr Kind nicht unbeaufsichtigt.

Heut ist ein Fest ...

Volksweise

Das Wasserfest allen viel Freude macht,
die Kinder, sie planschen dazu im Takt.
Pitsch, patsch, pitsch, patsch.

Der Peter, der pustet so stark wie der Wind,
die anderen machen es nach geschwind.
fff fff fff ffffff. (Pusten)

Dieses Lied kann man vor allem auch gut mit mehreren Kindern singen und spielen, indem man die Geräusche und Töne vormacht. Das Quaken der Frösche kann außerdem durch Klatschen der Hände untermalt werden.

Wasserspiele

Spiele mit Spiegel und Spiegelfolie

Die Wahrnehmungsfähigkeit eines Kindes wird angeregt, wenn es sich voller Entdeckerlust schon früh im Spiegel beobachten kann.

In einer Spiegelfolie (Dekoladen) oder einem Spiegel, seitlich am Kinderbett befestigt, kann das Baby gut seine Bewegungen und sein Gesicht bestaunen.

Schauen Sie gemeinsam in einen Spiegel, ziehen Sie Grimassen und schmusen Sie vor dem Spiegel, so kann das zunächst irritierend, später jedoch sehr erheiternd wirken.

Ein durchsichtiges Tuch über dem Kopf oder ein Hut (Papierhut) geben dem Spiel eine neue Variante.

Eine andere Spielmöglichkeit ergibt sich, wenn Sie eine Spiegelfolie oder einen bruchsicheren Spiegel auf den Boden legen, und das Kind sich in seiner ganzen Pracht erleben kann. Wird die Spiegelfolie bewegt, so ergeben sich witzige Zerrbilder, ähnlich wie in einer Wasserpfütze. Papas Rasierschaum oder Schaum aus Babys Badewasserzusatz können die Fantasie beflügeln. Ein Klecks Schaum verrieben, lässt das Spiegelbild ver-

Spiele mit Spiegel und Spiegelfolie

schwinden und macht die Fläche glitschig. Auch die Füße möchten das mal ausprobieren, indem sie über das »Glatteis« rutschen. Durch ein kleines Guckloch in der Schaumfläche lässt sich ein immer wieder faszinierendes »Kuckuck-Spiel« entwickeln.

Auch Cremes erfüllen den Spielzweck, nur sind sie schwerer wegzuwischen. Einige Tropfen Lebensmittelfarbe bringen eine bunte Abwechslung ins Vergnügen, und vielleicht reizt das auch zum ersten Malen. Diese Spiele lassen sich praktischerweise am besten nackt im Garten oder kurz vor dem Baden arrangieren.

Zum »Kuckuck-Spiel« eignen sich folgende Verse:

Wo ist denn mein Kindchen?
Wo ist es versteckt, wo ist es versteckt?
Ach, ich hab's gefunden,
vorbei ist nun der Schreck!!!
(Melodie: »Alle meine Entchen«, S. 79)

O Schreck, o Schreck,
du bist ja weg. –
Hurra, hurra, hurra,
jetzt bist du wieder da!

Spieglein, Spieglein,
sag doch mal,
wer ist dieser Schlingel da.
Ist's vielleicht ein Kätzchen
oder 'ne Maus,
oder schau gar am Ende
ich so aus?

85

Spiele mit Spiegel und Spiegelfolie

86

Musikspiele
mit einfachen Instrumenten

Ein Kind kann schon lange, bevor es geboren wird, hören und zwischen vertrauten und ungewohnten Stimmen und Geräuschen unterscheiden. Babys lieben am meisten die menschliche Stimme und sind darum für einfache Melodien und Lieder besonders empfänglich. Auch gedämpfte und hell klingende Geräusche mag es und zeigt seine Begeisterung durch fröhliches Zappeln und Glucksen an.

Kaum kann ein Baby stehen, so wiegt es sich im Rhythmus der Musik.

Eine Rassel weckt als Erstes das Interesse. Später können auch simple Haushaltsgegenstände wie Plastikbecher, Dosen, Töpfe mit Deckel und Holzlöffel, mit denen man klappern und trommeln kann, Aufmerksamkeit erregen.

Trommeln aus Babynahrungsmittel-Dosen

Bekleben Sie die Dose mit einer lustigen Folie. Für Deckel und Boden der Dose werden Kreise ausgeschnitten, die ca. drei Zentimeter größer sein sollten. Die Nahtstellen werden mit Klebeband verziert. Eine Kordel oder ein gehäkeltes Band mit vielen Glöckchen bilden den Abschluss.

 TIPP Statt mit Folie können Sie die Deckel auch oben und unten mit Filz oder Leder belegen, dann erhält die Trommel nicht nur einen anderen Klang, sondern sieht kunstvoll aus und bietet zusätzliche Tastreize. Auch das Spielen mit unbeklebten Dosen bereitet Spaß.

Musikspiele mit einfachen Instrumenten

**Geräusch-
dosen
als Musik-
instrumente**

Aus leeren Dosen (Tee-, Milch-, Kaffee- oder Konservendosen) können wunderschöne Geräuschspiele mit unterschiedlichen Klängen entstehen, wenn sie mit Reis, Zucker, Sand, Erbsen, Linsen, Nüssen, Steinchen usw. gefüllt werden. Damit sich Ihr Kind nicht an den scharfen Kanten verletzen kann, werden diese mit Klebefolie versehen. Können die Dosendeckel nicht mehr verwendet werden, dann schneiden Sie einen Deckel aus fester Pappe aus. Wichtig ist, dass der Inhalt sicher verschlossen ist.

Leere Haushalts- und Klopapierrollen dienen als Flöten oder Rasseln, wenn sie mit unterschiedlichen Materialien gefüllt werden.

*Klopf, klopf, klopf,
auf meinen schönen Topf.
Der Topf fängt an zu klingen,
und dazu kann ich singen.
Klopf, klopf, klopf,
auf meinen schönen Topf.*

*Peng, peng, pong,
der Deckel tönt wie 'n Gong.
Nun hört's sich wie 'ne Glocke an,
mal seh'n, wie er noch klingen kann?
Peng, peng, pong,
mein Deckel tönt wie'n Gong*

*Peng, peng, pang,
hörst du den and'ren Klang?
Mal laut und auch mal leise
auf ganz besond're Weise.
Peng, peng, pang,
hörst du den and'ren Klang?*

Dieses Lied können Sie nach der Melodie von »Hopp, hopp, hopp, Pferdchen lauf Galopp« singen und dazu den Rhythmus auf einem leeren, umgedrehten Eimer, einem Topf, einer umgedrehten Waschmitteltonne oder einer selbst gebastelten Trommel klopfen.

Musikspiele mit einfachen Instrumenten

In einer Kindergruppe macht das Musizieren besonders viel Spaß, vor allem, wenn dazu auch gesungen wird. Ihr kleines Orchester ist perfekt, wenn Sie noch einige Kochlöffel, Deckel, Töpfe und Plastikbecher dazu nehmen.

*Liebe Kinder, horcht mal her,
trommeln ist doch gar nicht schwer.
Erst mal leise, dann ganz laut,
der Peter* (Name des Kindes einsetzen) *auf die Trommel haut.
Pum, pum, perum, pum, pum, perum ...*

*Liebe Kinder, horcht mal her,
flöten ist doch gar nicht schwer.
Muss erst mal die Löcher greifen,
dann kann ich ein Liedchen pfeifen.
Tülüt, tülüt, tülüt, tülüt ...*

*Liebe Kinder, horcht mal her,
rasseln fällt mir gar nicht schwer.
Meine »Sambadosen« klingen,
wenn ich sie zum Schütteln bringe.
Sit, sit, sit, sit ...*

*Liebe Kinder, horcht mal her,
Geige spielen ist sehr schwer.
Mit dem Bogen 1–2–3
zauber ich ein Lied herbei.
Dideldum, dideldum, alles dreht sich um.*

*Liebe Kinder, das war fein,
ein Orchester könnt nicht besser sein.
Jetzt machen wir erst mal 'ne Pause,
dann gehn wir vergnügt nach Hause.*

(Musikspiel zum Trommeln, Flöten, Geigen usw.) »Jakob hat kein Geld im Haus«, S. 70)

Musikspiele mit einfachen Instrumenten

Dieser Liedvorschlag eignet sich besonders für eine Gruppe.

Wir sind die Musikanten ...

Volksweise

Wir sind die Musikanten und komm'n aus Schwabenland
(auch Name des Wohnortes einsetzen).
Wir können spielen auf der Trommel.
Terom, tom, tom, terom, tom tom ...
Terom, tom, tom, tom tom ...

Wir sind die Musikanten ...
Wir können spielen auf der Trompete.
Teräng, täng, täng, teräng, täng, täng,
teräng, täng, täng, täng ...

Wir sind die Musikanten ...
Wir können spielen auf der Flöte.
Tüdelüt, lüt, lüt, tüdelüt, lüt, lüt,
tüdelüt, lüt,
lüt, lüt, lüt ...

Musikspiele mit einfachen Instrumenten

Erfahrungsspiele

Sachen, die sich weich, warm, kalt, nass, trocken oder rau anfühlen, ermöglichen einem Kind schon früh reizvolle Tasterlebnisse. Besonders gut eignen sich auch Materialien, die sich verändern wie Sand, Ton, Schnee, Wasser, Eiswürfel, Kartoffel- oder Mehlteige.

Bevor sich im Sommer der Sand in der Buddelkiste anbietet, lässt es sich jederzeit auch in der Wohnung mit trockenem, körnigen Grieß, Kartoffel- oder Mehlteig gut spielen, um so die Tast- und Sinnesfreuden anzuregen.

Als »Spielwiese« eignet sich eine abwaschbare Unterlage, auf der etwa ein Kilo Grieß ausgeschüttet wird. Streuen Sie das Spielmaterial

über Hände und Füße Ihres Kindes und lassen Sie es danach greifen. Verstecken Sie im Grieß ein Spielzeug und suchen Sie gemeinsam danach. Ein anderes Mal lassen Sie den »Sand« durch einen Trichter oder einen mit Löchern versehenen Joghurtbecher laufen.

Die Finger und Hände Ihres Kindes werden durch Tasterfahrungen immer geschickter, kräftiger und feinfühliger.

Da das Kind in diesem Alter seine »Kunstwerke« nicht nur mit den Händen prüft, lassen Sie es nur mit ungefährlichen und sauberen Materialien so lange experimentieren, bis es sein »Spiel« mit allen Sinnen »be-griffen« hat. So genügt es zum Beispiel, ihm eine gekochte und abgekühlte Kartoffel in die Hand zu geben. Es wird sie genau betrachten, probieren und drücken und feststellen, wie sie sich anfühlt und formen lässt.

Wollen Sie gemeinsam mit anderen Müttern und Kindern »kneten«, dann stellen Sie einen festen Kartoffelteig her oder kaufen Sie fertiges Kartoffelpulver.

Verschiedene Spielteige

Kartoffelteig
In einer Schüssel werden 1 1/2 Tassen Wasser und 1 Esslöffel Öl mit Lebensmittelfarbe gemischt. Rühren Sie eine Packung Kartoffelteig (4 Portionen) unter und kneten Sie alles gut durch.

Mehlteig
Der Knetteig aus Mehl fühlt sich ganz anders an als Kartoffelteig. Er lässt sich gut formen und im Ofen trocknen.

In einer Schüssel werden eine Tasse Wasser, 2 Esslöffel Öl und Speisefarbe verrührt. Fügen Sie 3 Tassen Mehl hinzu und kneten Sie alles gut durch. Wenn der Teig noch an den Händen kleben bleibt, geben Sie weiteres Mehl dazu. Der Teig sollte geschmeidig sein.

Erfahrungsspiele

Lassen Sie Ihr Kind das neue Material erst einmal alleine ausprobieren und schauen Sie nur zu, wie fantasievoll es damit umgeht. Erst wenn das Spiel langweilig wird, geben Sie Anregungen.

Stellen Sie eine Schüssel mit Wasser und Papierhandtücher bereit.

 Wenn Sie keine Lebensmittelfarbe im Haus haben (Drogerie, Lebensmittelgeschäft), können Sie auch Naturfarben verwenden (Kakao und Rote Bete eignen sich besonders gut).

Salzteig empfehlen wir im ersten Lebensjahr nicht, da die Kleinen noch zu viel probieren und das Salz die Nieren zu stark belasten würde. Eine Kostprobe von den vorgeschlagenen Spielteigen schadet dagegen nicht.

Das Bäckerlied

Text: Autorinnen

Wollt ihr fleißige Bäcker seh'n ...
O wie fein ... der Teig muss auch geknetet sein.

Den Teig durch die Finger drücken.

Komm, wir wollen kneten, kneten, kneten.
Komm, wir wollen kneten,
das ist doch so fein!
Tralala, tralala, kneten ist so wunderbar,
tralala, tralala, ist so wunderbar.

Komm, wir wollen rühren, backen, kochen, essen, usw.

(Melodie: »Komm, wir wollen tanzen«, S. 111).
Erfinden Sie weitere Strophen.

Die angegebenen Tätigkeiten werden jeweils nachgeahmt. Bei den Worten »tralala« in die Hände klatschen.

Erfahrungsspiele

Malen mit selbstgefertigten Farben

Farbe hautnah erleben ist ein sinnliches Vergnügen. Gefärbter Mehlbrei ist ungiftig, deshalb können schon die Kleinsten damit malen und manschen. Sparen Sie nicht mit Papier. Breiten Sie Zeitungspapier, Packpapier oder eine Tapete großzügig aus. Küche, Bad, Balkon oder Garten eignen sich am besten.

Auch auf einem großen Spiegel kann gemalt werden. Sich gegenseitig anmalen ist besonders lustig. Lassen Sie Ihr Kind mit den Händen die Farbe großflächig verteilen. *Im Mittelpunkt steht noch nicht das Kunstwerk, sondern die Experimentierfreude Ihres Kindes.*

Mischen Sie eine Tasse Mehl (Weizen) mit einer knappen Tasse Wasser und fügen Sie einige Tropfen Lebensmittelfarbe, etwas Zitrone und einen Esslöffel Öl dazu. Anfangs reichen zwei Farben. Statt Lebensmittelfarbe können auch Kakao oder Rote-Bete-Saft genommen werden.

Wollt ihr fleißige Maler sehen, müsst ihr zu den Kindern gehen.
O wie fein, o wie fein,
die Jule (Name des Kindes einsetzen) rührt die Farbe ein.
(Mit Hand oder Pinsel in der Farbe rühren)

Wollt ihr ...
O wie fein, ...
die Jule streicht die Wände (Spiegelfolie, Papier usw.) ein.
(Mit beiden Händen die Farbe großzügig verteilen.)

Wollt ihr ...
O wie fein, ...
das Bild, das wird gleich fertig sein.
(Melodie: »Wollt ihr fleißige Handwerker sehen«?, S. 95)
Und nun schnell ins Badewasser!

Dieses Lied eignet sich besonders für eine größere Spielgruppe, wenn die Kinder nackt im Garten spielen. Die selbst hergestellte Farbe aus Mehl und Lebensmittelfarbe lässt sich gut abwaschen.

Pitsch, pitsch, patsch,
barfuß durch den Matsch.
Der Matsch quatscht durch die Zehen,
das stört uns nicht beim Gehen.
Pitsch, pitsch, patsch,
barfuß durch den Matsch.

Pitsch, pitsch, patsch,
jetzt machen wir mal Quatsch.
Wir streichen uns mit Farbe (Matsche) ein,
das muss ja noch viel schöner sein.
Pitsch, pitsch, patsch,
jetzt machen wir mal Quatsch.

Pitsch, pitsch, patsch,
bei Regen gibt es Matsch,
und wer nicht mehr weiter kann,
der zieht sich Gummistiefel an.
Pitsch, pitsch, patsch,
bei Regen gibt es Matsch.

(Melodie: »Hopp, hopp, hopp, Pferdchen lauf Galopp«, S. 74)

Erfahrungsspiele

Bei diesem Spiel ist es besonders lustig, mit dickflüssiger Farbe zu malen, zum Beispiel mit Rasierschaum auf Spiegelfolie, Spiegel oder Badezimmerfliesen.

Auch als Sandspiel, wenn der Sand zur Eierpampe wird (Eierpampe ist feiner, nasser Sand) und Ihr Kind mit nackten Händen und Füßen den »Matsch« ertasten darf.

Meine beiden Hände malen hin und her, malen hin und her, verteilen so die Farbe, das ist ja gar nicht schwer.

Meine beiden Füße malen auf und ab, malen auf und ab, malen auch noch rundherum, das hätt ich nicht gedacht.
(Melodie »Alle meine Entchen«, S. 79)

Grün sind alle meine Kleider

Wort u. Weise: aus Brandenburg

Blau, blau, blau ...
weil mein Schatz ein Matrose ist.
Weiß, weiß, weiß ...
weil mein Schatz ein Bäcker ist.
Schwarz, schwarz, schwarz ...
weil mein Schatz ein Schornsteinfeger ist.

Bunt, bunt, bunt ...
weil mein Schatz ein Maler ist.
Rot, rot, rot ...
weil mein Schatz ein Feuerwehrmann ist.
Gelb, gelb, gelb ...
weil mein Schatz ein Postbote ist.

Papier- und Wattespiele

Papier ist ein vielseitiges Spielmaterial, mit dem die Sinne des Kindes auf verschiedene Weise angeregt werden. Es raschelt und knistert, verändert sich, wenn es nass, zerrissen oder geknüllt wird. Immer wieder bieten sich neue Tasterlebnisse durch Hände und Mund, wobei dann auch noch Geruch und Geschmack aufgenommen werden. Es eignen sich Seidenpapier, Klopapier, Tapete, Geschenkpapier, Zellophanpapier, Butterbrotpapier, Bierdeckel und alle nicht gefärbten Papierarten. Zeitungspapier sollte wegen der Druckerschwärze nicht verwendet werden.

Papier- und Wattespiele

Gemeinsam Papier zerreißen und dann wie Schneeflocken durchs Zimmer fliegen zu lassen ist ein besonderes Erlebnis. Zu Bällen geformt lässt sich mit Papier auch eine Schneeballschlacht inszenieren. In den Papierberg kann Ihr Kind kriechen oder hineinspringen. Klopapier lässt sich herrlich abwickeln und flattert sehr schön. Sich einwickeln und anschließend wieder befreien macht viel Spaß (besonders in Gruppen). Bierdeckel rollen oder segeln rasant durch die Gegend und gehen nicht so schnell kaputt. Findet Ihr Kind wohl schon das im Papierberg versteckte Spielzeug?

Mit Watte oder Wattebällchen spielt es sich ganz toll, wenn das flauschigweiche Gefühl hautnah erlebt werden kann. Im Sommer oder in einem warmen Raum wird Ihr Kind die wolkenähnlichen Bälle gern auf seiner nackten Haut spüren, wenn sie sacht herabschweben.

 TIPP Achten Sie darauf, dass sich Ihr Kind nicht verschluckt oder die Watte in die Atemwege gerät.

Watte lässt sich wie Papier zerreißen, knautschen und wird matschig weich, wenn sie nass wird. Eine Watteballschlacht bringt Stimmung und tut bestimmt nicht weh.

Wind, Wind, Wind, puste mal geschwind,
die Blätter sollen tanzen gehen
und sich froh im Kreise drehen.
Wind, Wind, Wind, puste mal geschwind.
(Melodie: »Hopp, hopp, hopp, Pferdchen lauf Galopp«, S. 74)

Laubspiele

Eine außergewöhnliche Erfahrung macht Ihr Kind mit buntem Herbstlaub. Pflücken Sie hierfür die schon fast losen Blätter von verschiedenen Baumarten. Das Ahornblatt wird zum Fächer, das Kastanienblatt zum Fähnchen.

Barfuß durch das Laub laufen, welch ein kitzeliges Gefühl! Je mehr Laub, umso schöner und fantasievoller lässt es sich damit spielen.

Zum Beispiel:
- große Blätter in kleine Stücke reißen,
- sie hochwerfen,
- wie der Wind pusten,
- daran riechen,
- im Wasser (Waschschüssel, Badewanne) als Schiffchen schwimmen lassen,
- im Laub hopsen,
- Kastanien darin suchen (Kastanien für Babys auffädeln),
- Herbstlieder dazu singen.

Erfinden Sie weitere Spiele, die Ihnen und Ihrem Kind Spaß bereiten.

Laubspiele

Langsam fällt jetzt Blatt für Blatt
von den bunten Bäumen ab.

Hu, hu, hu, so bläst der Wind
alle Blätter fort geschwind.
Hu, hu, hu, sein Lied wird lauter,
und die Äste wiegen schwer
in dem Winde hin und her.
Hu, hu, hu, …
Jeder Weg ist dicht besät,
und es raschelt, wenn man geht.
Hu, hu, hu, …

Arme über den Kopf halten
Finger bewegen sich langsam
nach unten

feste blasen

Arme hin und her bewegen

mit den Füßen scharren
blasen

Sandspiele

Das Schönste für Kinder ist Sand.
Ihn gibt es immer reichlich.
Er rinnt unvergleichlich
Zärtlich durch die Hand.

Weil man seine Nase behält,
Wenn man auf ihn fällt,
Ist es so weich.
Kinderfinger fühlen,
Wenn sie in ihm wühlen,
Nichts und das Himmelreich.

Denn kein Kind lacht
Über gemahlene Macht.
(Aus: Joachim Ringelnatz: Kinder-Verwirr-Buch)

Nachdem Ihr Kind genügend Tasterfahrungen mit Grieß, Kartoffel- und Mehlteig gemacht hat, können Sie ihm nun auch Sand zum Spielen anbieten. Es sollte selbst probieren, was man alles mit Sand machen kann. Um Sand zu »be-greifen«, wird es ihn auch kosten wollen. Sicher merkt es bald, dass Sand nicht schmeckt, und dass man nicht alles essen, was man anfassen kann. Geben Sie erst neue Anregungen, wenn Sie beobachten, dass sich Ihr Kind langweilt.

Barfuß durch den Sand – welch ein Gefühl! Schuhe braucht ein Kind erst, wenn es draußen laufen kann. An einem warmen Tag können Sie Sand über die Füße rieseln lassen. Die feinfühligen Fußsohlen gewöhnen sich bei einem Hopse-Spiel schnell an den groben Sand (»Häschen in der Grube«, »Hopp, hopp, hopp ...« usw.).

Locken Sie das Kind mit einem Spielzeug, damit es durch den Sandkasten krabbelt. Gemeinsam können Sie mit Förmchen, Eimer, Schau-

Sandspiele

fel, Löffel, Sieb, Trichter, Gießkanne und Bechern spielen. Besonders lustig ist, wenn Sie Ihrem Kind Wasser in den Sandkasten stellen.

Nasser Sand fühlt sich ganz anders an als trockener, er lässt sich besser formen, man kann mit den Fingern Löcher hineinbohren, Kuchen backen und Tunnel bauen. Der Fantasie sind keine Grenzen gesetzt.

Zehn kleine Krabbelfinger buddeln heut im Sand.
Zehn kleine Krabbelfinger finden's interessant.
Zehn kleine Krabbelfinger kneten einen Kuchen.
Zehn kleine Krabbelfinger wollen ihn gleich versuchen.
Zehn kleine Krabbelfinger spielen jetzt mal Koch.
Zehn kleine Krabbelfinger buddeln ein großes Loch.
Zehn kleine Krabbelfinger gießen Wasser ein.
Zehn kleine Krabbelfinger finden das sehr fein.
Zehn kleine Krabbelfinger laufen schnell nach Haus.
Zehn kleine Krabbelfinger ruh'n sich vom Buddeln aus.
(Melodie: »Zehn kleine Negerlein«)

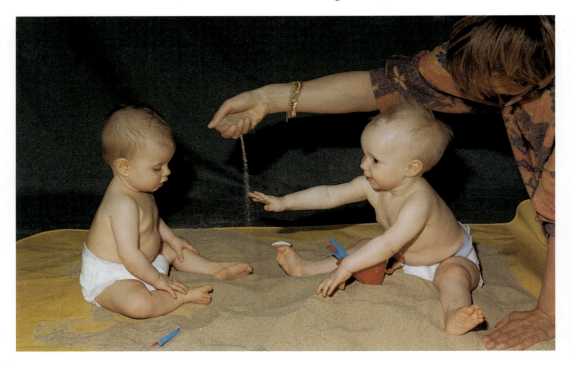

Sandspiele

*Alle Finger meiner Hand,
buddeln heute mal im Sand.
Dieser Daumen rund und fein,
bohrt ein dickes Loch hinein.
Zeigefinger, schaut ihn doch mal an,
ist als nächster Bohrer dran.
Mittelfinger, ach wie fein,
sticht das längste Loch hinein.
Ringfinger malt jetzt in den Sand,
Sonne, Meer und einen Strand.
Kleiner Finger, schaut doch einmal zu,
gießt jetzt alle Löcher zu.
Alle Hände klatsch, klatsch, klatsch,
spielen jetzt sooooo schön mit Matsch.*

Die Finger führen die angegebenen Tätigkeiten aus. Zum Schluss kräftig in die Hände klatschen.

*Sand, Sand, Sand, rieselt durch die Hand.
Im Buddelkasten ist was los,
da spielen heute Klein und Groß.
Sand, Sand, Sand, der rieselt durch die Hand.*

*Sand, Sand, Sand, rieselt durch die Hand.
Hopsen, laufen, krabbeln, springen,
viele schöne Lieder singen.
Sand, Sand, Sand, läuft über Fuß und Hand.*

*Sand, Sand, Sand, rieselt durch die Hand.
Buddeln, bauen, Kuchen backen,
alle Kinder wollen lachen.
Sand, Sand, Sand, der kitzelt in der Hand.*
(Melodie: »Hopp, hopp, hopp, Pferdchen, lauf Galopp«, S. 74)

Die den Versen entsprechenden Bewegungen ausführen.

Fingerspiele

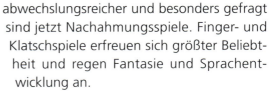

Innerhalb des ersten Lebensjahres ist aus einem hilflosen Baby ein recht selbstständiges Kleinkind geworden. Sein Spiel wird geschickter und abwechslungsreicher und besonders gefragt sind jetzt Nachahmungsspiele. Finger- und Klatschspiele erfreuen sich größter Beliebtheit und regen Fantasie und Sprachentwicklung an.

Einfache Finger- oder Handpuppen können eine reizvolle Variante darstellen. So können Himpelchen und Pimpelchen herrlich aussehen, wenn sie aus Filz oder Stoff angefertigt werden. Das Gesicht wird mit einem Filzstift oder Stoffmalstift aufgemalt, und die Zipfelmütze erhält ein Metallglöckchen.

Auch zwei Plastikfingerhüte können Himpelchen und Pimpelchen darstellen. Malen Sie das Gesicht auf die Finger und geben Sie dem Hütchen ein Metallglöckchen. (Mit einer glühenden Nadel wird ein Loch in die Spitze des Hütchens gestochen. Dann wird ein kräftiger Faden durchgezogen und mit einem dicken Knoten innen vor dem Rausrutschen bewahrt. Außen wird die Glocke befestigt, siehe Seite 109).

Himpelchen und Pimpelchen
stiegen auf einen Berg.
Himpelchen war ein Heinzelmann
und Pimpelchen war ein Zwerg.
Sie blieben lange dort oben sitzen
und wackelten mit ihren Zipfelmützen.

*Doch nach 75 Wochen
sind sie in den Berg gekrochen.
Schlafen dort in guter Ruh.
Sei mal still und hör gut zu:
Krrrrrrrr!*

*Himpelchen sagt:
Ich wach wieder auf!
Pimpelchen sagt: Ich auch!
Himpelchen sagt: Ich bau mir ein Haus!
Pimpelchen sagt: Ich auch!
Mein Häuschen ist nicht gerade,
ist das aber schade!
Mein Häuschen ist ein bissel krumm.
Ist das aber dumm!
Bläst der böse Wind hinein,
Fällt mein ganzes Häuschen ein.*

Himpelchen und Pimpelchen werden von den beiden Daumen dargestellt, die sich abwechselnd nach oben bewegen (bergsteigen). Dabei wackeln Sie mit Ihren Daumen hin und her. Wenn die beiden »Zwerge« in den Berg kriechen, verschwinden die Daumen in Ihren Fäusten. Ahmen Sie das Schnarchen laut nach. Für das Haus werden beide Hände gegeneinander gestellt, so dass sich die Fingerspitzen berühren. Tüchtig blasen, bis das Haus umfällt.

Es regnet ganz sacht,	Mit den Fingerspitzen sacht klopfen
nun schon eine Nacht.	
Jetzt regnet es sehr,	stärker klopfen
gleich regnet es mehr.	
Es donnert und blitzt,	mit den Fäusten donnern
Anne gleich flitzt	Hände zusammenschlagen
hinein in das Haus,	die Hände bilden ein Haus
dann schaut sie heraus	und durchschauen
und sagt: »Oh, wie fein!	
Nun ist Sonnenschein!«	Arme führen einen Kreis aus

Fingerspiele

Es fliegt ein Vogel

*Es fliegt ein Vogel ganz allein,
schau, jetzt fliegen zwei!
Sie fliegen hoch,
sie fliegen nieder,
sie fliegen fort
und kommen wieder.
Sie picken Körner,
eins, zwei, drei,
sie fliegen fort
und kommen heim.*

Sprechen Sie den Vers langsam und achten Sie darauf, dass das Kind den Bewegungen nachschaut. Wiederholen Sie den Spruch oft. Dann können Sie den Papiervogel auf- und abbewegen, verschwinden und wiederkehren lassen. Breiten Sie dann die Arme weit aus und verschränken Sie sie anschließend auf der Brust.

Die Schnecke

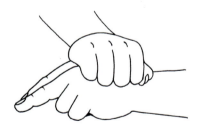

*Schnick, schnack, Schneckchen,
kommt um das Eckchen.
Schnick, schnack, Schnuckelchen,
was trägst du auf dem Buckelchen?
Ei, der Daus, ei, der Daus,
ist das nicht ein Schneckenhaus?
Schnick, schnack, Schneck,
ist auf einmal weg.*

*Ja, wo ist sie denn? Ja, wo ist sie denn?
Da, da, da, da, daaaaa!*

Die Schnecke spielen Zeige- und Mittelfinger der linken Hand, die flach mit dem Handrücken nach oben, langsam am Körper des Kindes hinauf kriecht. Das Schneckenhaus ist die geschlossene Faust der rechten Hand. Sie wird auf die linke Hand gelegt. Zeige- und Mittelfinger verschwinden, indem beide eingezogen werden.

Bei den Worten: »Ja, wo ist sie denn?«, wird nach der Schnecke gesucht. Zum Schluss wird das Kind am ganzen Körper gekitzelt.

Fingerspiele

Dort oben auf dem Berge ...

Wort u. Weise: aus Schlesien

Dort o-ben auf dem Ber-ge, eins zwei drei, eins zwei drei, da tan-zen sie-ben Zwer-ge, eins zwei drei.

Nach dieser Melodie werden folgende Verse gesungen:

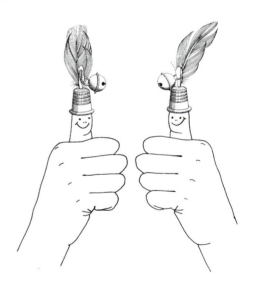

Alle Kinder klatschen (winken, boxen)
1 – 2 – 3
1 – 2 – 3
klatschen mit den Händen
1 – 2 – 3

Alle Kinder stampfen (springen, hopsen)
1 – 2 – 3
1 – 2 – 3
stampfen mit den Füßen
1 – 2 – 3

Alle Kinder tanzen
1 – 2 – 3
1 – 2 – 3
tanzen jetzt zusammen Ringelreihen
1 – 2 – 3, alles vorbei – schade!

Bei diesem Lied können Sie noch viele Strophen erfinden. Die jeweilige Tätigkeit wird nachgeahmt. Es macht besonders viel Spaß, wenn viele Kinder mitmachen (Spielgruppe).

Fingerspiele

Alle meine Fingerlein ...

Überliefert

Alle meine Fingerlein wollen heut mal Tiere sein,
dieser Daumen dick und rund ist der schwarze Schäferhund.

Zeigefinger ist das Pferd, das die Kinder reiten lehrt.
Mittelfinger ist die Kuh, die gibt Milch ohn' Rast und Ruh.
Ringfinger ist das Schwein, mit zehn Ferkeln klitzeklein.
Kleiner Finger, ritzeratze, ist die weiße Miezekatze.

Alle Tiere, hopp, hopp, hopp,
laufen alle im Galopp,
laufen in den Stall hinein,
denn es wird bald Abend sein.

Dieser Vers, gesungen oder gesprochen, erfreut besonders das größere Kind. Das Interesse des noch kleinen Babys können Sie wecken, indem Sie jeden einzelnen Finger entsprechend dem Vers sanft hin und her bewegen. Bei der letzten Strophe laufen alle Ihre Finger über Tisch oder Unterlage oder über den Bauch des Kindes.

Fingerspiele

Komm, wir wollen tanzen ...

Überliefert

(2) – Nicken mit dem Kopf
(3) – Stampfen mit dem Fuß
(4) – Schleichen wie die Katz
(5) – Hüpfen wie ein Frosch

Dieses Lied lässt sich gut mit Kindern spielen, die schon anfangen zu laufen und Spaß an Nachahmungen haben. Kleinere Kinder kann man auch gut im Reitersitz auf der Hüfte tragen.

> Wo ist denn der Daumen? Wo ist denn der Daumen?
> Hier bin ich!!! Hier bin ich!!!
> Wie geht es dir heute? Wie geht es dir heute?
> Danke, mir geht's gut! Danke, mir geht's gut!
> Lauf schnell weg ... Lauf schnell weg ...
> Wo ist denn der Zeige-, Mittel-, Ring-, Kleine Finger?
> Wo ist die ganze Hand?
> (Melodie: »Bruder Jakob«, S. 17)

Die Finger der linken Hand zeigen eine Faust. Jeder Finger wird einzeln aufgerufen und verschwindet hinter dem Rücken. Fünf Plastikfingerhüte geben dem Spiel einen besonderen Reiz. Ganz nebenbei lernt Ihr Kind seine fünf Finger kennen.

Fingerspiele

Kleiner Käfer, kleiner Käfer,
flieg herbei, flieg herbei,
zeig mir deine Punkte, zeig mir deine Punkte,
1 – 2 – 3, 1 – 2 – 3
(Melodie: »Bruder Jakob«, S. 17)

Die Marienkäferfingerpuppe sitzt auf Ihrem Zeigefinger und fliegt auf und ab, bis hin zum Kind. Gemeinsam werden die Punkte gezählt.

Handpuppe »kleines Monster«

Die Handpuppe ist aus einem Frotteesocken ganz leicht herzustellen. Dabei können Sie Ihre Fantasie spielen lassen.

Nähen Sie zwei Knöpfe als Augen im entsprechenden Abstand fest in die Mitte der Sockensohle. Ungefähr in Höhe der Sockenhacke befestigen Sie ein Büschel Wollreste für die Haarpracht und versehen diese zusätzlich mit einem Metallglöckchen.

Beim Spielen wird der Mund durch die Sockenspitze dargestellt, indem Sie diese etwas nach innen ziehen. Auch hier ist ein Lied oder ein Vers zur Untermalung angebracht.

Bin ein kleines Monster,
bin ein kleines Monster,
brumm, brumm, brumm,
brumm, brumm, brumm.
Möcht dich gerne streicheln,
möcht dich gerne streicheln,
kraulen rundherum, kraulen rundherum.
(Melodie: »Bruder Jakob«, S. 17)

Fingerspiele

Ebenso einfach lässt sich nach dem beschriebenen Muster eine Handpuppe aus einem Waschlappenhandschuh herstellen. Sie können statt der Knöpfe auch Filzreste für Augen, Nase und Mund verwenden. Seien Sie mutig beim Herstellen Ihrer Handpuppen. Anspruch auf Perfektion ist nicht notwendig, denn für Ihr Baby ist das Spielen und Geschichtenerzählen wichtiger als eine vollendete Puppe.

Waschlappenpuppe

Eine andere Variante entsteht aus einer Papierfrühstückstüte. Stecken Sie Ihre Hand in die Tüte, auf der Sie ein großes lachendes Gesicht aufgemalt haben. Babys sprechen recht lebhaft auf Gesichter in jeder Form an, und wenn es dann noch knistert, ist der Spielspaß perfekt. Geben Sie dem Kind die Tüte zum Spielen und Rascheln in die Hand. Einem größeren Kind macht es auch Spaß, etwas Spannendes aus der »Wundertüte« herauszuzaubern.

Handpuppe aus Papier

113

Fingerspiele

Bunter Bänderball

Hierzu können ausgediente Tennis- oder Tischtennisbälle, aber auch andere kleine Bälle verwendet werden.

Umhüllen Sie den Ball mit einem bunten Stoff und schließen Sie die Stoffhülle mit vielen bunten Bändern. Besonders gut eignen sich verschiedene Geschenkbänder. Krabbelkinder fordert so ein Ball im neuen Kleid zum Nachkrabbeln auf. Zusätzlich kann dann noch ein Glöckchen aus Metall den Reiz des neuen Spielballes unterstreichen.

Zöpfchenband

Ein anderes »Fühlspiel« ergeben bunte Zöpfe aus Wolle, Baumwolle, Hanf, Sisal, Bast, Leder, Seide oder Kunststoff, die Sie mit einem festen Band zusammenfügen. Ein Glöckchen, Knopf, Fingerhut, Perle und Wollbommel an jeden Zopf festgenäht, lassen Ihr Baby aufhorchen und danach greifen.

Fridolin

Dieses Fantasiewesen können Sie leicht aus einem Kissenbezug herstellen, das mit Papier oder Styroporschnipseln gefüllt wird. Nach eigenem Geschmack können Sie mit Wolle und Knöpfen das Aussehen von Fridolin gestalten. Geheimnisvoll raschelt das Wesen bei jeder Bewegung.

Erste Geschicklichkeitsspiele

Wenn ein Kind gut greifen kann, interessiert es sich immer mehr für kleine und kleinste Dinge des Lebens. Es hebt jeden Krümel oder Schnipsel mit gestrecktem Daumen und Zeigefinger (Pinzettengriff) auf. Geben Sie ihm jetzt genügend Möglichkeiten, Konzentration und Fingerfertigkeit zu entfalten.

Beginnt das Kind sich für hohe Gegenstände zu interessieren, steckt es oft die ganze Hand in eine Dose, einen Karton oder eine Schublade. Es räumt sie gern ein und aus und lernt dabei nicht nur Länge und Breite zu unterscheiden, sondern fängt auch an, die Tiefe zu erforschen.

Erste Geschicklichkeitsspiele

Die Geschicklichkeit der Hände nimmt zu, wenn Sie beobachten, dass Ihr Kind Daumen und Zeigefinger krümmt (Zangengriff).

Zangengriff

Haushaltsgegenstände werden oft zum schönsten Spielzeug (Dosen, Schüssel, Kochtöpfe, Schachteln, Kartons, Becher). So eignen sich Kaffee- oder Teedosen als erste einfache Steckspiele. Achten Sie dabei auf die Sicherheit der Haushaltsgegenstände (Dosen haben oft einen scharfen Rand).

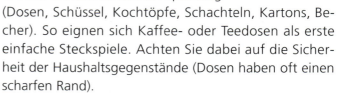
Pinzettengriff

Schneiden Sie in die Plastikdeckel unterschiedlich große Kreise, Quadrate oder Schlitze. Besonders schön wird die Dose, wenn sie mit bunter Folie beklebt wird.

Auch Deckel von Kartons eignen sich für das Steckspiel. Tennisbälle lassen sich in entsprechend große Öffnungen leicht bugsieren. Dieses Erfolgserlebnis stärkt das Selbstvertrauen. Schneiden Sie anfangs aber nur eine Form aus, damit Ihr Kind nicht überfordert wird.

Erst wenn Sie merken, dass es sich langweilt, steigern Sie das Spielangebot. Bieten Sie nun auch einmal unterschiedliche Nudeln (Makkaroni, Spiralnudeln, Zöpfchennudeln), Rosinen oder Haferflocken zum Einfüllen in eine Babyflasche oder kleinere Dosen und Flaschen an.

> **ACHTUNG**
>
> Füllen Sie nicht zu kleine Gegenstände ein, sonst ist die Gefahr gegeben, dass sie verschluckt werden.

Erste Geschicklichkeitsspiele

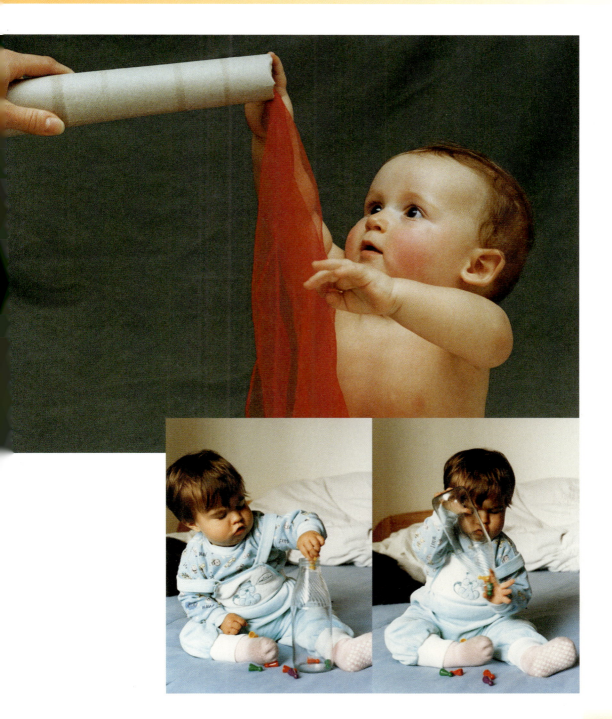

117

Erste Geschicklichkeitsspiele

Spiele mit verschiedenen Schachteln und Bechern

Das Sammeln von Kartons (Käseschachteln, leere Papprollen, Pralinenschachteln, Eierkartons, Streichholzschachteln) oder Joghurtbechern lohnt sich in einem Haushalt mit Kindern immer. Sie lassen sich schnell zu einfachen Spielsachen umfunktionieren. Ein Eierkarton mit abgetrenntem Deckel wird zum Dampfer für die Badewanne. Wäscheklammern am Rand sind die Matrosen. Etwas Watte in einer leeren aufgesteckten Papprolle lässt den Schornstein rauchen.

Verstecken Sie vor den Augen des Kindes ein Tuch oder Seidenpapier in einem Eierkarton mit Löchern. Zeigen Sie ihm, wie es das immer größer werdende Tuch aus den Löchern herausziehen kann. Papprollen eignen sich für dieses Spiel auch sehr gut. In der Öffnung einer Papprolle können Sie Wäscheklammern, kleine Tischtennisbälle, Bauklötze oder kleines Spielzeug verschwinden lassen und zum Jubel der Kleinen wieder hervorzaubern. Haben Sie Geduld, wenn Ihr Kind dies selbstständig nachahmen möchte.

Briefkastenspiel

Aus einem stabilen Karton entsteht ein Briefkasten, wenn Sie ihn mit gelber Abziehfolie bekleben und mit einigen Postwertzeichen – zum Beispiel Briefmarken oder Posthorn – verschönern.

Schneiden Sie noch mehrere unterschiedliche Schlitze hinein (waagerecht und senkrecht). Die Vorderseite erhält zusätzlich eine bewegliche Klappe.

Zum Einstecken eignen sich Urlaubskarten, feste Pappe in unterschiedlichen Größen, Bierdeckel, Holz- oder Plastikscheiben und etwas später auch weicheres Material, zum Beispiel Briefumschläge. Spielgeld oder Knöpfe passen prima in die kleinen Öffnungen.

Erste Geschicklichkeitsspiele

Kartonspiele

Kartons bieten herrliche Spielmöglichkeiten. Sie lassen sich mit Spielzeug, Wäscheklammern oder Haushaltsgeräten füllen und wieder ausräumen. Mit mehreren Kindern können Sie Eisenbahn spielen. Dazu wird für jedes Kind ein Karton vorbereitet, und wenn der Zug geräuschvoll anfährt, wird mit der Kelle freie Fahrt gegeben.

Ein Karton kann natürlich auch ein Auto sein, das langsam oder schnell fährt.

Aus einem Schuhkarton entsteht ein Puppenbett. Gemeinsam wird die Lieblingspuppe oder der Teddy zu Bett gebracht.

Mit etwas Geschick lässt sich aus einem großen Karton (Möbelgeschäft) ein Häuschen basteln und zusammen mit vielen Kindern anmalen. Und wie wär's mit einem Kartontheater?

Erste Geschicklichkeitsspiele

Die Eisenbahn

Überliefert

Tschu, tschu, tschu, die Ei-sen-bahn, wer will mit zur
O-ma fahr'n, al-lei-ne fah-ren mag ich nicht, da
nehm ich mir die Lot - te mit.
(Name des Kindes)

Schlaf- und Wiegenlieder

Viele Kinder können abends nicht einschlafen und wachen auch in der Nacht oft auf und schreien. Babys können noch nicht zwischen Tag und Nacht unterscheiden und sehnen sich vor allem nachts nach Körpernähe und Geborgenheit. Größere Babys haben vielleicht schlecht geträumt, fürchten sich im Dunkeln und brauchen Trost, damit sie sich wieder zurechtfinden können.

Seien Sie unbesorgt, Ihr Kind leidet nicht gleich an Schlafstörungen. Die Fähigkeit zum Durchschlafen muss ein Kind erst allmählich lernen und beinahe jedes zweite Kind hat damit Probleme. Natürlich ist diese Zeit für Eltern strapaziös. Versuchen Sie, sich mit Ihrem Partner im »Nachtdienst« abzuwechseln. Auch das Kind im eigenen Bett schlafen zu lassen, wirkt Wunder, wenn man dadurch nicht den eigenen Schlaf gefährdet.

Ein Einschlafritual hilft Ihrem Kind, einen ruhigen Übergang zu schaffen und von den lebhaften Spielen und Ereignissen des Tages Abschied zu nehmen. Drohen Sie nie mit dem »ins Bett müssen«, sondern versuchen Sie, eine harmonische Atmosphäre zu schaffen. Erzählen Sie zum Beispiel noch einmal die schönsten Ereignisse des Tages und das, was Sie für den nächsten Tag planen. Nehmen Sie sich Zeit und versuchen Sie gelassen zu bleiben, damit sich kein unbewusstes Machtspiel entwickeln kann. Manchmal hilft es auch, wenn man versucht, sich in die Lage des Kindes zu versetzen, um besser verstehen zu können, warum

Schlaf- und Wiegenlieder

ein solches »Theater« gemacht wird. Ein zärtliches Streichelspiel kann dem Baby die nötige Ruhe vermitteln, und natürlich dürfen Schmusepuppe oder Kuscheltier nicht fehlen. Ein Schaffell, T-Shirt, Nachthemd oder Windel/Windelschmusepuppe (Anleitung S. 125), worauf Sie vorher geschlafen haben, kann dem Kind durch Ihren Geruch Sicherheit geben. Achten Sie auch darauf, dass das Bettchen körperwarm ist und nehmen Sie eventuell eine Wärmflasche zum Vorwärmen.

Besonders beliebt ist auch das Singen oder Summen eines Wiegenliedes. Der langsame Zweivierteltakt wirkt beruhigend. Sie sollten möglichst hoch und leise gesungen oder gesummt werden. Wiederholen Sie immer das gleiche Lied, so lernt Ihr Kind sich leichter zu orientieren.

Still, still, still ...

Text: Autorinnen (Volksweise aus Salzburg)

Schlaf- und Wiegenlieder

Vom Mond und von den Sternen

Hoffmann von Fallersleben

1. Wer hat die schönsten Schäfchen? Die hat der gold-ne Mond, der hinter unsern Bäumen am Himmel droben wohnt.

Er kommt am späten Abend,
wenn alles schlafen will,
hervor aus seinem Hause
am Himmel leis und still.

Dann weidet er die Schäfchen
auf seiner blauen Flur,
denn all die weißen Sterne
sind seine Schäfchen nur.

Sie tun sich nichts zuleide,
hat eins das andre gern,
und Schwestern sind und Brüder
da droben Stern an Stern.

Und soll ich dir eins bringen,
so darfst du niemals schrein,
musst freundlich wie die Schäfchen
und wie ihr Schäfer sein!

Schlaf- und Wiegenlieder

Leise, Peterle, leise

Paula Dehmel

Lei-se, Pe-ter-le, lei-se, der Mond geht auf die Rei-se. Er hat ein wei-ßes Pferd ge-zäumt, das geht so still, als ob es träumt. Lei-se, Pe-ter-le, lei-se!

Stille, Peterle, stille,
der Mond hat eine Brille.
Ein graues Wölkchen schob sich vor,
das sitzt ihm grad auf Nas und Ohr.
Stille, Peterle, stille!

Träume, Peterle, träume,
der Mond guckt durch die Bäume.
Ich glaube gar, nun bleibt er stehn,
um Peterle im Schlaf zu sehn.
Träume, Peterle, träume!

Schlaf- und Wiegenlieder

In ein weiches, quadratisches Stück Stoff wird eine Hand voll Watte gefüllt (Bastelwatte lässt sich besser waschen). Ein Band mit oder ohne Glöckchen wird um den Hals gebunden. Viele Baumwollfäden werden als Haare auf der Kopfmitte befestigt und ein Gesicht kann aufgestickt oder mit Stofffarbe aufgemalt werden. Mit einem Hutgummi, den Sie gut am Kopf befestigen, bringen Sie das Püppchen zum Hüpfen.

Und so entsteht die Schmusepuppe:

Hüpf- und Schmusepuppe

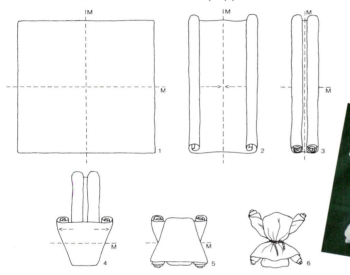

Auch ein Einschlafritual macht das »Ins-Bett-gelegt-Werden« leichter und vertrauter. Dieser Vers eignet sich besonders gut als abendlicher Gute-Nacht-Gruß, verbunden mit einem Schlaflied.

Karlchens Daumen dick und nett	Daumen zeigen
legt sich in sein Kuschelbett.	Daumen in geöffnete Hand
Zieht die Decke über'n Kopf,	legen
man sieht nichts mehr von seinem	Alle Finger der Hand über
Schopf.	den Daumen legen
Schnarcht, dass sich alle Balken biegen,	Schnarchen
komm näher ran, da muss er liegen.	Kinder horchen lassen
Karlchen schläft die ganze Nacht,	Daumen wieder mit einem
doch am Morgen ist er aufgewacht.	fröhlichen Hallo zeigen

Empfohlene Bücher

Brazelton, T. Berry: *Babys erstes Lebensjahr*. München 1994

Brazelton, T. Berry/Cramer, Bertrand G.: *Die frühe Bindung. Die erste Beziehung zwischen dem Baby und seinen Eltern*. Stuttgart, 2. Aufl. 1994

Cronjäger, Marietta: *Das Stillkochbuch. Über 100 Rezepte – lecker und bekömmlich für Mutter und Baby*. München, 5. Aufl. 2001

Dreikurs, Rudolf/Soltz, Vicki: *Kinder fordern uns heraus. Wie erziehen wir sie zeitgemäß?* Stuttgart, 9. Aufl. 2001

Hellbrügge, Theodor/Wimpffen, J. Hermann von: *Die ersten 365 Tage im Leben eines Kindes. Die Entwicklung des Säuglings*. München 1976

Hilsberg, Regina: *Körpergefühl. Die Wurzeln der Kommunikation zwischen Eltern und Kind*. Reinbek 1985

Hofmann, Monika/Kress, Veronika/Siegel, Gabriele: *Treffpunkt Krabbelgruppe. Eine Ideenbörse für Eltern mit kleinen Kindern*. München, 2. Aufl. 2000

Kast-Zahn, Annette/Morgenroth, Hartmut: *Jedes Kind kann schlafen lernen. Vom Baby bis zum Schulkind: Wie Sie Schlafprobleme Ihres Kindes vermeiden und lösen können*. Ratingen, 8. Aufl. 1999

Klawitter, Uta: *Bewegungsspiele für Babys. So fördern Sie die Entwicklung Ihres Kindes*. München 2001

Klaus, Marshall H./Klaus, Phyllis H.: *Das Wunder der ersten Lebenswochen*. München 2000

Kohlhepp, Bernd: *Lustige Fingerspiele für Klein und Groß*. München, 2. Aufl. 1998

Largo, Remo H.: *Babyjahre. Die frühkindliche Entwicklung aus biologischer Sicht*. München 2001

Leboyer, Frédérick: *Sanfte Hände. Die traditionelle Kunst der indischen Baby-Massage*. München, 3. Aufl. 2001

Lothrop, Hanna: *Das Stillbuch*. München, 25. Aufl. 2000

Pousset, Raimund: *Fingerspiele und andere Kinkerlitzchen. Spiel-Lust mit kleinen Kindern*. Reinbek 1998

Schneider, Vimala: *Baby-Massage. Praktische Anleitung für Mütter und Väter*. München, 10. Aufl. 2001

Bildnachweis

Marianne Austermann/Gesa Wohlleben: Seite 83, 102

Armin Köhler: Seite 13, 121

Birgit Wohlleben: Seite 52, 119

Die Fotos auf den folgenden Seiten wurden uns von Eltern zur Verfügung gestellt: Seite 78, 96, 115, 117 unten, 123, 124

Alle weiteren Fotos sind von Gudrun Steinfort.

Allen Kindern und Eltern, die mit viel Spaß bei der Entstehung der Fotos mitwirkten, möchten wir ganz herzlich danken.

In einigen Fällen war es bei den Kinderliedern nicht möglich, die genuinen Urheber zu finden. Für den Fall, dass Rechtsansprüche von Autoren oder Verlagen geltend gemacht werden, ist der Verlag dankbar für einen Hinweis.

Lieder und Verse

Lieder

Alle meine Entchen 79
Alle meine Fingerlein 110
Auf der grünen Wiese steht ein Karussell 77
Auf der grünen Wiese steht ein Swimming-
  pool 79
Bin ein kleines Monster 112
Brüderchen, komm tanz mit mir 70
Das Apfelbäumchen 28
Das Bäckerlied 95
Der Sonnenkäferpapa 61
Die Ziehharmonika 40
Dort oben auf dem Berge 109
Ei, wie langsam 22
Eine Schnecke, eine Schnecke 17
Erst kommt der Osterhasenpapa 62
Es tanzt ein Bi-Ba-Butzemann 26
Fühl einmal mein Schätzchen 22
Geht der Peter Nüsse schütteln 51
Große Uhren 38
Grün sind alle meine Kleider 98
Hätt ich doch ein Pony 75
Heut ist ein Fest bei den Fröschen am See 82
Hopp, hopp, hopp, Pferdchen lauf Galopp 74
Ich bin der kleine Hampelmann 41
Ich fahr mit meinem Fahrrad durch's schöne
  weite Land 37
Ich fahr mit meinem Fahrrad von Spandau
  nach Berlin 42
Ich flieg in meinem Flugzeug 77
Ich rolle, rolle, rolle 55
Ich schaukel auf dem Wasser 50
Jakob ist ein Zottelbär 70

Kleiner Käfer, kleiner Käfer 112
Klopf, klopf, klopf 88
Komm, wir wollen kneten 95
Komm, wir wollen tanzen 111
Kuckuck, Kuckuck, ruft's aus dem Wald 60
Leise, Peterle, leise 124
Liebe Kinder, horcht mal her 89
Luftballon, flieg mir nicht davon 58
Mein Pferdchen, das heißt Fridolin 69
Meine beiden Hände malen hin und her 98
Möcht so gerne fliegen wie ein Vögelein 76
Pitsch, pitsch, patsch, barfuß durch den
  Matsch 97
Sand, Sand, Sand 105
Steigt das Büblein auf den Baum 72
Still, still, still 122
Tschu, tschu, tschu die Eisenbahn 120
Wer hat die schönsten Schäfchen? 123
Wie ein Fähnchen auf dem Turme 34
Wind, Wind, Wind, puste mal geschwind 100
Wir öffnen jetzt das Taubenhaus 39
Wir sind die Musikanten 90
Wo ist denn der Daumen? 111
Wo ist denn die Anna? 44
Wo ist denn mein Kindchen? 97
Wollt ihr fleißige Maler sehen 64
Zehn kleine Krabbelfinger krabbeln so herum
  64
Zehn kleine Krabbelfinger buddeln heut im
  Sand 104
Zehn kleine Zappelmänner 32
Zeigt her eure Füße 71

Verse

Alle Finger meiner Hand 105
Auf und ab, rauf und runter 48
Da kommt die Maus 19
Das ist der Daumen 19
Das Schönste für Kinder ist Sand 103
Daumen dick und nett 125
Der erste sagt 63
Der ist in den Brunnen gefallen 21
Die Maus hat rote Handschuh an 40
Die Maus hat rote Röckchen an 37
Ein Schiffchen fährt auf dem Meer 49
Es fliegt ein Vogel 108
Es regnet ganz sacht 107
Guten Morgen, ihr lieben Beinchen 37

Hast einen Taler, gehst zum Markt 19
Himpelchen und Pimpelchen 106
Hopp, hopp, hopp zu Pferde 74
Hoppe, hoppe Reiter 73
Komm her, mein Bärchen 24
Kommt eine Maus 21
Langsam fällt jetzt Blatt für Blatt 102
Lass das Fäustchen boxen 53
Lass die Beinchen strampeln 53
Ri – ra – rutsch 74
Schnick, schnack, Schneckchen 108
So reiten die Damen 73
Tipp, tipp, tapp 24
Wenn die Kinder kleine sind 73

Marianne Austermann und Gesa Wohlleben im Kösel-Verlag

MC
Titel-Nr. 3-466-45750-5

CD
Titel-Nr. 3-466-45751-3

ISBN 3-466-30505-5

MC
Titel-Nr. 3-466-45724-6
CD
Titel-Nr. 3-466-45725-4

ISBN 3-466-30345-1

CD
Titel-Nr. 3-466-45773-4

ISBN 3-466-30677-9

Einfach lebendig.
LEBEN MIT KINDERN

Kösel-Verlag, München, e-mail: info@koesel.de
Besuchen Sie uns im Internet: www.koesel.de